Zeichnen lernen für Kinder

Tolle Ideen auf Papier

compact via ist ein Imprint der Compact Verlag GmbH

© Compact Verlag GmbH
Baierbrunner Straße 27, 81379 München
Ausgabe 2013

Text: Kerstin Landwehr
Chefredaktion: Dr. Matthias Feldbaum
Redaktion: Lea Schmid
Produktion: Frank Speicher
Zeichnungen: Lisa Landwehr
Fotos: Kerstin Landwehr (außer S. 24: shutterstock.com/wavebreakmedia ltd.;
S. 40: shutterstock.com/ayosphoto; Schmuckillustrationen: Florian Heubach;
Schildillustration: fotolia.com/izumi1042)
Titelabbildungen: mauritius images (l.), Kerstin Landwehr (r. + u.)
Gestaltung: ekh Werbeagentur GbR, München
Umschlaggestaltung: h3a GmbH, München

ISBN 978-3-8174-9350-0
381749350/1

www.compactverlag.de

INHALT

VORWORT

Wenn man den Begriff „Zeichnung" im Lexikon nachschlägt, steht dort etwa Folgendes: „Darstellung eines Motivs mit Strichen und Linien".

Eine ziemlich trockene Beschreibung für eine solche Fülle an Ausdruck, Gefühl und Spaß! Die Kunst der bildlichen Darstellung ist außerdem ein wichtiges Stück Menschheitsgeschichte, mit dem viele berühmte Namen verknüpft sind.

Das Zeichnen ist fast so alt wie die Menschheit selbst. Seit der Steinzeit, also seit etwa 32.000 Jahren, ist es ein wichtiger Teil der menschlichen Kultur. Damals zeichneten die Menschen Pferde, Bisons und Jäger mit Kohle an Höhlenwände. Heute geben uns diese Felsbilder Einblick in diese längst vergangene Zeit und die Anfänge der Menschheit.

Im Laufe der Zeiten und von Epoche zu Epoche veränderten sich die Menschen, und damit natürlich ebenfalls ihre Ausdrucksformen und ihre Art zu zeichnen. Auch heute schlagen sich die unterschiedlichen Lebensumstände der Künstler in der Art ihrer Zeichnungen nieder. Alle nach diesem Buch gefertigten Zeichnungen werden also etwas ganz Besonderes sein, nämlich ein einzigartiges und unverkennbar persönliches Werk.

Je mehr man das Zeichnen übt, umso mehr Spaß bereitet es. Man darf sich nur nicht entmutigen lassen, falls es am Anfang nicht direkt problemlos funktioniert. Auch große und bedeutende Künstler haben oft lange Zeit üben müssen, bis sie mit ihren Bildern zufrieden waren. Das Wichtigste beim Zeichnen ist der Spaß – und der ist bei diesem tollen Hobby garantiert!

EINFÜHRUNG

Das richtige Arbeitsmaterial

Egal, ob ein erfahrener Zeichenprofi oder jemand, der das erste Mal einen Bleistift zum Zeichnen in die Hand nimmt: an diesem Hobby hat jeder seinen Spaß. Die Voraussetzung ist natürlich die richtige Ausrüstung sowie ein geeigneter Arbeitsplatz. Für den Anfang reichen einige wenige Basismaterialien aus, die hier vorgestellt und erklärt werden. Als Zeichenplatz eignet sich ein Schreibtisch ebenso wie ein freigeräumter und sauberer Küchen- oder Esstisch. Wichtig ist, dass genügend Licht vorhanden ist, sowie ausreichend Platz, um alle benötigten Gegenstände auszubreiten.

Skizzenblöcke/Papier

Skizzenblöcke oder Zeichenpapier sind im Künstlerbedarf erhältlich. Es gibt sie in vielen Größen, Papierstärken und Formaten sowie als Block, Spiralbuch oder Skizzenbuch. Man hat also sehr viel Auswahl und kann sich nach seinen eigenen Vorlieben richten. Für den Anfang reicht ein ganz normaler Schulzeichenblock aber völlig aus.

Bleistifte

Um schöne zeichnerische Erfolge zu erzielen, werden gute Bleistifte benötigt. Auch hier gibt es Unterschiede: Die Bleistifte mit dem H nach der Zahl sind die harten Bleistifte, und je höher die Zahl, desto härter ist auch der Bleistift. Der HB-Bleistift ist ein mittlerer Bleistift. Die Bleistifte mit dem B nach der Zahl sind die weichen Bleistifte. Auch hier ist die Zahl höher, je weicher der Bleistift ist. Mit einem 2H, einem HB und noch einigen weichen Bleistiften ist man für den Anfang gut ausgerüstet. Unterschiedliche Effekte entstehen auch abhängig davon, wie die Bleistifte angespitzt werden: Mit einer ganz feinen und sehr scharfen Spitze können auch kleinste und feinste Striche gezogen werden, mit einem stumpferen Bleistift lassen sich hingegen gut breitere Linien zeichnen.

Radiergummi

Toll ist ein knetbarer Radiergummi. Dieser kommt in jede Ecke, da er sich beliebig formen lässt. Er kann auch zerteilt, in kleinste Kügelchen gerollt oder zu einer spitzen Wurst geformt werden und dann exakt an der gewünschten Stelle radieren. Ein Kunststoffradierer wiederum ist gut für größere Flächen geeignet. Grundsätzlich gilt: nicht zu fest rubbeln, denn sonst wird das Papier beschädigt!

Anspitzer

Neben den herkömmlichen und bekannten Anspitzern, wie jeder sie besitzt, eignet sich zum Anspitzen auch wunderbar ein Künstlermesser. Damit kann man sogar Papier schneiden. Aber Vorsicht, diese Messer sind sehr scharf und sollten nicht ohne einen Erwachsenen benutzt werden. Die Klingen für das Künstlermesser gibt es in unterschiedlichen Stärken zu kaufen, die sich für verschiedene Tätigkeiten eignen.

Papierwischer

Mit einem Papierwischer lassen sich Teile von Zeichnungen verwischen, und zwar große Flächen mit der Seite und kleine Bereiche mit der Spitze. Ist das Papier des Papierwischers verschlissen, diesen Teil einfach abtrennen und weiter geht's.

Arbeitsmaterial: Skizzenblöcke, Bleistifte, Anspitzer, Radiergummis

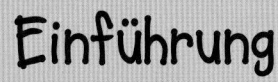

Grundtechniken

Ist die Ausstattung beisammen und ein schöner, heller Platz zum Zeichnen gefunden, kann es losgehen! Aber bevor mit der ersten Zeichnung begonnen wird, sollte man sich zunächst darüber bewusst werden, wie der Stift in der Hand gehalten wird.

Meistens wird der Stift automatisch so gegriffen, wie man es auch beim Schreiben tun würde. Das ist auch genau richtig, denn so kann er am besten kontrolliert und sicher geführt werden. Damit die Linien auch klar und deutlich bleiben und nicht „matschig" werden, muss der Stift öfter angespitzt werden.

Wenn größere Flächen schraffiert werden sollen, kann der Stift auch schräg gehalten und locker aus dem Handgelenk bewegt werden.

Wie bei jedem Sport steht auch vor dem Zeichnen zunächst das Aufwärmen. Damit ist aber nicht gemeint, dass vorher zehn Liegestütze oder fünf Kniebeugen gemacht werden müssen!

Das Aufwärmen vor dem Zeichnen funktioniert etwas anders. Es soll locker machen, sodass der Stift nicht verkrampft oder mit feuchten Fingern gehalten wird. Zum Aufwärmen am besten den Stift aus dem ganzen Arm heraus locker und gleichmäßig bewegen; mit Kreisen anfangen und dann zu Schnecken oder Wellenlinien übergehen. Schon nach kurzer Zeit stellt sich mehr Gefühl für die Bewegungen und auch für den Stift ein.

Wichtig ist auch, mit seinen Materialien gut vertraut zu sein und sie zuallererst durch Ausprobieren kennenzulernen, die unterschiedlichen Härtegrade der Bleistifte auszutesten und mal fester oder weniger fest aufzudrücken. So sollte mit jedem der verschiedenen Stifte herumgespielt werden, um zu erfahren, wie jeder einzelne von ihnen zeichnet.

Als Vorübung kann versucht werden, einen Kreis zu zeichnen und ihn dann immer wieder ganz locker nachzuzeichnen. Mit unterschiedlichen Bleistiften können auch einfach parallele Striche gezogen werden. Bei fünf oder sechs Strichen mit jedem Stift und einem anschließenden Wechsel zum nächstspitzeren oder –stumpferen Bleistift werden die Unterschiede ganz deutlich.

Werden die Striche verwischt, kann man sehen, was für Effekte dadurch entstehen. Mit allen Materialien und Techniken vertraut, kann es an die erste Zeichnung gehen!

Grundformen

Wird nur eine einfache Regel beachtet, lässt sich so gut wie alles zeichnen: Alle Dinge der Welt lassen sich in vier einfache Grundformen unterteilen. Jedes Motiv kann aus Kreisen, Quadraten, Rechtecken, Dreiecken oder aus einer Kombination dieser Formen nachgebaut werden. So wird der Grundriss eines Motivs gezeichnet, indem man sich zuerst vorstellt, wie sich das Motiv in diese Formen zerlegen lässt. Zunächst wird ein Tisch, ein Auto, ein Topf oder ein Tier betrachtet und überlegt, wo die unterschied-lichen Formen sitzen könnten. Dann werden die Linien der Grundformen gezeichnet, miteinander verbunden und schon ist ein einfacher Umriss sichtbar. Um der Zeichnung dann Leben einzuhauchen, muss aber noch eines berücksichtigt werden: die Räumlichkeit. Zeichnungen wirken platt und unecht, wenn sie nur in zwei Dimensionen (Breite und Höhe) angefertigt werden. Kommt aber die dritte Dimension (Tiefe) ins Spiel, entsteht ganz leicht ein Bild, das echt und lebendig aussieht.

An den vier Grundformen wird ersichtlich, dass es gar nicht so schwer ist, die dritte Dimension zu erschaffen. Der Ausgangspunkt sind immer die zweidimensionalen Motive. Mit einfachen Mitteln können daraus dreidimensionale Körper entstehen.

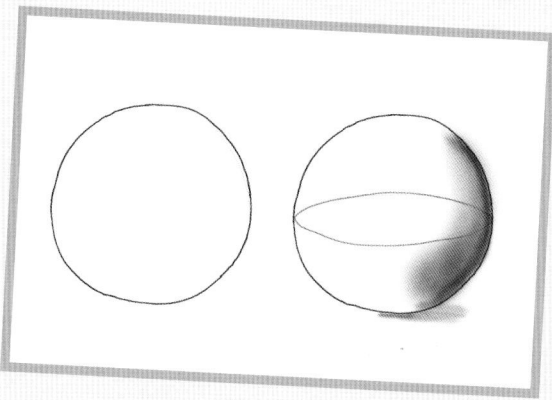

Kugel

Eine Kugel entsteht, indem in die Mitte eines Kreises ein zweiter, „platt gedrückter" Kreis gesetzt wird. Der zeigt, wie sich die Kugel nach hinten und nach vorn wölben muss. Mit dieser Orientierung wird der Kreis mit den richtigen Schraffuren zur Kugel.

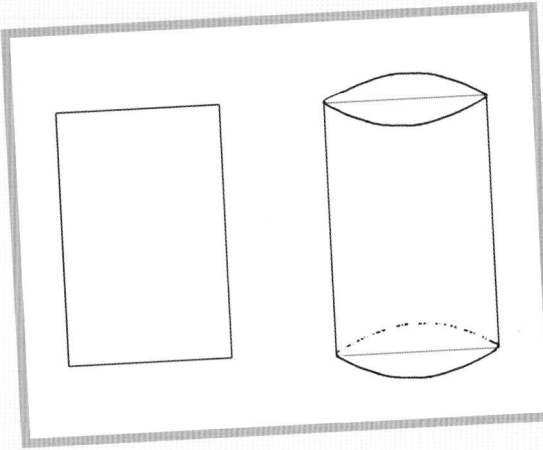

Zylinder

Ganz ähnlich funktioniert das auch mit dem Rechteck. Um daraus einen Zylinder entstehen zu lassen, wird wieder der „platt gedrückte Kreis" am unteren und oberen Ende des Rechtecks benötigt. Die störenden Seitenkanten werden einfach fortradiert.

Kegel

Auch aus einem Dreieck einen Kegel zu zaubern, ist nicht schwer. Man zeichnet zuerst das Dreieck. Dann ist wieder der „platt gedrückte Kreis" gefragt. Er kommt an das untere Ende des Dreiecks. Auch hier kann die störende Linie wieder fortradiert werden.

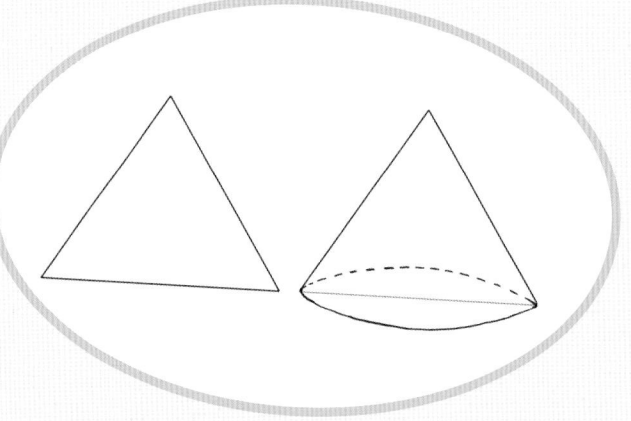

Würfel

Ganz einfach lässt sich auch aus einem Quadrat ein Würfel zeichnen. Dazu wird einfach schräg versetzt ein zweites, gleich großes Quadrat hinzugefügt. Die Ecken werden dann jeweils mit den entsprechenden Ecken des anderen Quadrats verbunden. Die hinteren Linien kann man teilweise ausradieren, bis sie so schön gestrichelt sind wie auf dem Bild. Das geht toll mit dem knetbaren Radiergummi, aber auch mit jedem anderen handelsüblichen Modell.

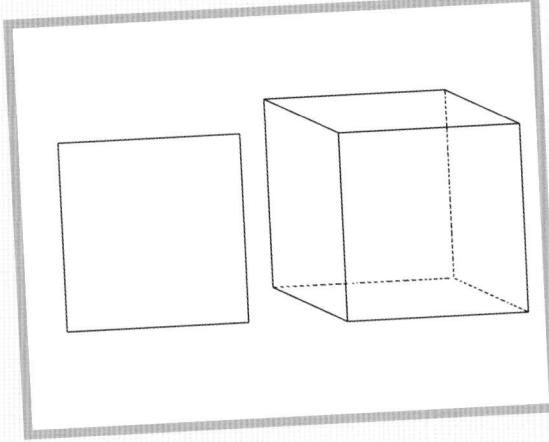

Im Zeichnen dieser Grundformen richtig fit zu sein, hilft bei allen weiteren Motiven.

Schraffuren

Mit Bleistiften können unglaublich viele unterschiedliche Effekte erzielt werden. Indem verschiedene Schraffuren zum Einsatz kommen und ihre Intensität verändert wird, werden einfache Zeichnungen ganz leicht in lebendige Bilder verwandelt. Die gezeichneten Gegenstände und Lebewesen bekommen eine Form und wirken räumlich. Auch hier ist wieder das Ausprobieren das Allerbeste.

Einen Schatten setzt man durch eine ganz einfache Schraffur. Der Stift sollte dazu schräg gehalten werden und es wird nicht nur die Spitze, sondern die gesamte Seite der Mine zum Schraffieren benutzt. Je nachdem wie fest aufgedrückt und welcher Bleistift benutzt wird, fällt das Ergebnis heller oder dunkler aus.

Diese Bilder zeigen einige Möglichkeiten, mit Schraffuren zusätzlich Struktur in ein Bild zu bekommen. Der Fantasie sollten hier keine Grenzen gesetzt sein. Es lohnt sich, alles auszuprobieren, was einem an Formen einfällt, ob Wellen, Kreise oder Flecken. Nutzt man ebenfalls mal die Spitze, mal die gesamte Mine und mal weichere und mal härtere Bleistifte, entstehen so eine Unmenge an Möglichkeiten, Zeichnungen durch Schraffuren realistisch zu gestalten.

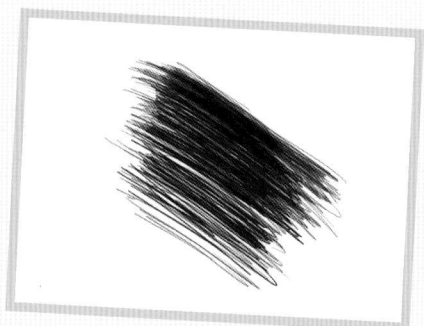

Abdunkeln

Mit eng aneinandergesetzten parallelen Strichen lassen sich Schraffuren abdunkeln.
Dabei können verschiedene Bleistifte gespitzt oder ungespitzt ausprobiert und so sehr unterschiedliche Ergebnisse erzielt werden.

Abstufungen

Für die Abstufungen werden wieder die eng nebeneinandergesetzten Striche benutzt, aber auch jedes andere Muster. Wichtig ist dabei, unterschiedlich fest aufzudrücken und auch verschieden harte und weiche Bleistifte zu benutzen.

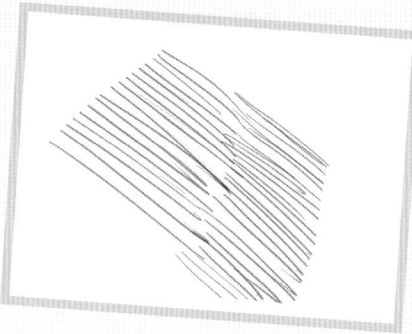

Klassische Schraffur

Die klassische Schraffur besteht aus den parallelen Linien, die beliebig dicht aneinandergesetzt werden können. Jeder Bleistift eignet sich dafür, je nachdem wie hell oder dunkel schattiert werden soll.

Kreuzschraffur

Bei der Kreuzschraffur lässt man die Linien über Kreuz laufen. Auch hier kann jeder Bleistift benutzt werden.

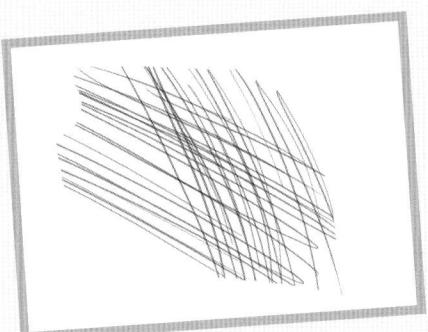

Struktur

Strukturen können in unterschiedlichen Mustern geschaffen werden. Das hier ist nur ein Beispiel. Man sollte ruhig mit verschiedenen Formen experimentieren.

Verwischtechnik

Bei dieser Technik hilft einem der Papierwischer, der nach dem Schraffieren über die Schraffur geführt wird. Dadurch entstehen sehr feine und weiche Übergänge.

Licht und Schatten

Bei den Grundformen (s. S. 11 f.) wurde erklärt, wie aus einem flachen, zweidimensionalen Motiv ein lebendiges, dreidimensionales entsteht. Aber warum können wir überhaupt in dieser dritten Dimension sehen? Das hat ganz viel mit Licht und Schatten zu tun und mit der Art, wie Gegenstände, Tiere oder Personen das Licht reflektieren. Wenn auf einen Gegenstand genau von vorn das Licht fällt, dann wirkt er platt. Fällt das Licht aber von der Seite auf den Gegenstand, bekommt er auf einmal Tiefe. Er wirkt dreidimensional, denn es entstehen Schatten. Es gibt zwei Arten von Schatten, einmal den Schlagschatten und dann den Formschatten.

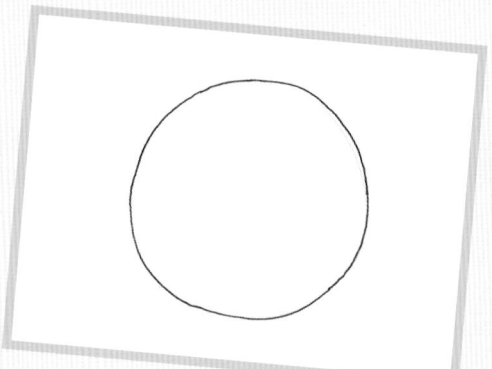

Der Schlagschatten ist der Schatten, den ein Gegenstand auf einen anderen Gegenstand wirft. Zum Beispiel wirft ein Glas, das auf einem Tisch steht, seinen Schatten auf den Tisch.

Der Formschatten ist der Schatten, der durch das Licht auf dem Gegenstand selbst entsteht. Er lässt die Form des Gegenstandes deutlich werden. Der Gegenstand wird dunkler, je weiter er von der Lichtquelle entfernt ist.

Eine Zeichnung mit großen Kontrasten und unterschiedlichen Schattierungen wirkt sehr lebendig. Die dunklen Schatten können gut mit den ganz weichen Bleistiften gezeichnet werden, die helleren Schattierungen mit den etwas härteren. Auch hier ist es das Beste, einfach auszuprobieren. Man kann auch ein Bild mit nur wenig Kontrast und helleren Schatten zeichnen, das wirkt dann sehr weich, aber dafür nicht so plastisch.

Bei der Kugel auf diesem Bild wurde schön kräftig schattiert. Der Formschatten und der Schlagschatten sind gut zu erkennen. Die Lichtquelle befindet sich oben links – denn dort ist es am hellsten, während es unten rechts am dunkelsten ist. Zwischen diesen Punkten sind die Schattierungen sanft abgestuft. Das geschieht mit verschiedenen Bleistiften von etwas härter bis hin zu ganz weich. Unterschiedliche Effekte entstehen auch dadurch, dass kräftiger oder nur ganz leicht aufgedrückt wird.

Oberflächen

Neben der Form ist beim Zeichnen auch die passende Oberfläche der Dinge sehr wichtig. Ein Auto mit Drachenhaut oder ein Mensch mit Metalloberfläche kann natürlich sehr witzig und interessant sein, aber auch dafür müssen die Techniken zuerst ein bisschen beherrscht werden.

Die Natur hat bei den Menschen, Tieren und Pflanzen eine riesige Vielfalt an Haut- und Felloberflächen gezaubert. Der erste Schritt, sie naturgetreu darzustellen, ist das genaue Hinschauen. Was macht die borkige Rinde eines Baumes aus, die schillernden Schuppen eines Fisches oder die glatte, metallene Oberfläche eines Autos?

Um Oberflächen zu gestalten, können sämtliche Bleistifte zum Einsatz kommen. Durch Anspitzen, Nichtanspitzen sowie festes und weniger festes Andrücken werden ganz unterschiedliche Ergebnisse erzielt. Auch hier ist die Devise wieder: ausprobieren und entdecken!

Gelocktes Fell

Man beginnt mit einigen geschwungenen Strichen mit einem spitzen HB-Bleistift. Die Bögen werden immer dichter aneinandergesetzt und zwischen harten und weichen Bleistiften sollte abgewechselt werden. Mit einem weißen Stift können einige weiße Bögen in das Fell gezeichnet werden. Auch an die Schatten und an die helleren Stellen sollte gedacht werden. Je mehr Kontraste man setzt, desto wuscheliger wirkt das Fell. Mit dem Papierwischer können einzelne Stellen auch leicht verrieben werden. Mit dem Knetradierer lassen sich vorsichtig Effekte hineinradieren.

Kurzes Fell

Das Prinzip ist hier das gleiche wie beim gelockten Fell, nur dass statt mit Bögen mit kurzen, harten Strichen gearbeitet wird. Nutzt man dabei unterschiedliche Bleistifte und schafft Kontraste, wirkt das Fell echt.

Langes Fell

Auch hier wird ähnlich wie beim gelockten Fell gezeichnet. Man setzt lange, nur leicht gebogene Striche immer enger aneinander und nutzt wieder die ganze Bleistiftpalette, sowie Papierwischer und Radierer, um Kontraste zu schaffen.

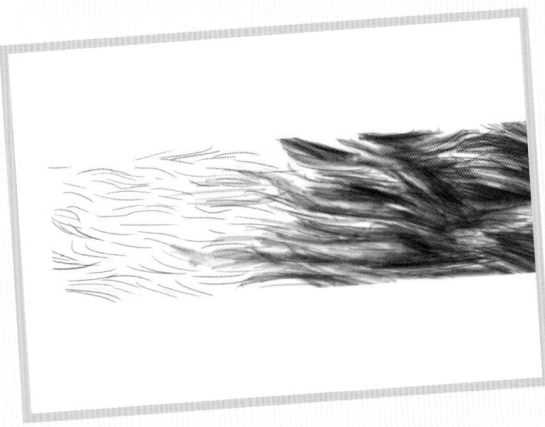

Haut

Hier ist ein Stückchen Elefantenhaut zu sehen. Der Dickhäuter hat richtig viele und tiefe Falten. Zuerst wird mit dem HB-Bleistift ganz leicht schraffiert und dann werden mit einem sehr spitzen Bleistift erste Falten eingezeichnet. Mit den weichen Bleistiften können anschließend die einzelnen Falten sehr dunkel schattiert und mit dem Radierer zum Schluss noch hellere Stellen in der Haut geschaffen werden.

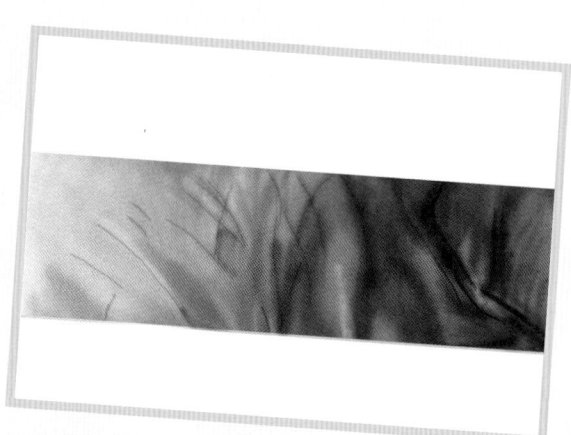

Schuppen

Drachenhaut lässt sich am besten mit dem HB-Bleistift zeichnen. Man beginnt mit kleinen Kreisen. Um ihnen einen dicken Rand zu geben, wird der Stift am besten einfach schräg gehalten. Dabei nicht so fest aufdrücken, sondern die Schuppen lieber mit den weicheren Bleistiften nach und nach dunkler schattieren. Auch hier können helle Kontraste gesetzt werden.

Metall

Diese Oberfläche wird für Autos, Flugzeuge oder Raketen gebraucht. Wichtig ist hier, ganz gleichmäßig zu schraffieren. Am besten die Mitte hell und die Ränder dunkel lassen, indem man an den Rändern etwas fester aufdrückt, zur Mitte hin dann immer leichter. So sieht das Metall glänzend aus. Die metallene Oberfläche lässt sich gut mit den etwas härteren Bleistiften zeichnen. Einzelne Lichtreflexe können auch zusätzlich mit dem Radierer gestaltet werden.

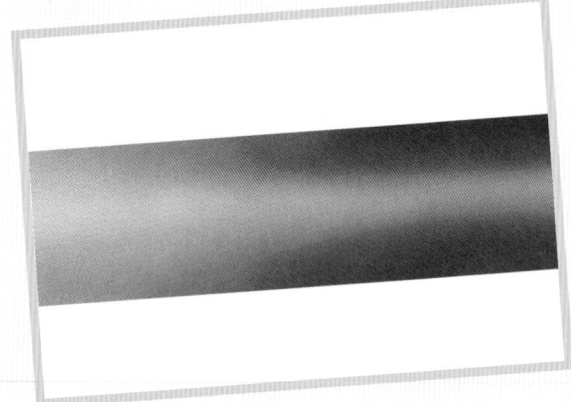

Perspektive

Perspektivisch oder räumlich zeichnen heißt, dass Landschaften, Personen oder Gegenstände nicht flach und unnatürlich, sondern wie echt wirken. Das wird „dreidimensional" genannt, da gleichzeitig die drei Dimensionen eines Motivs dargestellt werden, also seine Höhe, seine Breite und seine Tiefe.

Gut lässt sich das an einer Straße erkennen. Auf dem Bild hier sieht man im Vordergrund die dicken Laubbäume und den Anfang der Straße. In der Mitte des Bildes stehen einige kleinere Tannenbäume. Sie werden kleiner gezeichnet, weil sie weiter entfernt sind. Würde man sie genauso groß zeichnen wie die Laubbäume, dann sähe es auf dem Bild so aus, als ob die Bäume direkt nebeneinanderstünden. Ganz hinten im Bild verschwindet die Straße hinter einer Bergkuppe. Die eigentlich breite Straße wird nach hinten hin immer schmaler. Dadurch entsteht der Eindruck, dass sie sich vom Betrachter entfernt und der hintere Teil weit weg ist.

Für eine solche räumliche Landschaft wird mit der ge-schwungenen Horizontlinie begonnen und auf diese ein Punkt gesetzt: den sogenannten „Fluchtpunkt". Auf diesen Punkt läuft die Straße dann zu. Er kann an jede beliebige Stelle der Horizontlinie gesetzt werden.

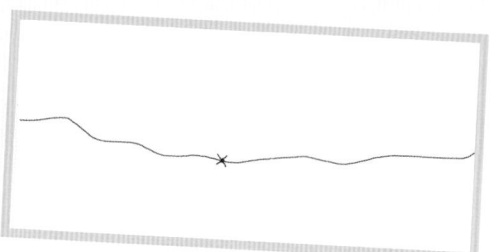

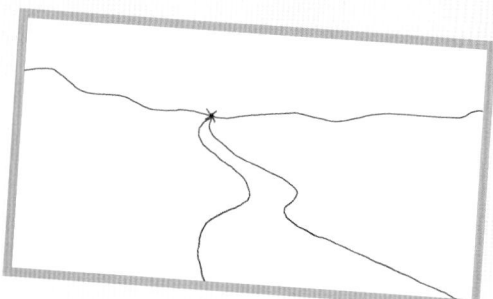

Jetzt lässt man eine kurvige Straße zum Horizont hin laufen. Dabei ist es wichtig, vorn im Bild relativ breit anzufangen und zum Punkt auf der Linie hin schmal zu werden.

Die großen Laubbäume im Vordergrund und die kleineren Tannenbäume dahinter verstärken den räumlichen Effekt. Wird die Zeichnung dann noch schön schattiert, erhält man ein tolles perspektivisches Bild.

Skizzen

Das Wichtigste für einen guten Zeichner und Maler ist das Sehen. Wer nicht richtig hinschaut, kann die Dinge auch nicht richtig zu Papier bringen. Deshalb ist es wichtig, alles, was man zeichnen möchte, ganz genau anzuschauen und sich auch die Kleinigkeiten gut einzuprägen.

Eine Skizze kann dabei sehr hilfreich sein. Sie funktioniert ähnlich wie ein Spickzettel mit Stichwörtern. Mit einer Skizze können blitzschnell Formen, Bewegungen, Oberflächen und Stimmungen eingefangen werden, also der Eindruck eines kurzen Momentes festgehalten werden. Wenn dann später das eigentliche Bild gezeichnet wird, kann die Skizze zum Nachschauen benutzt werden.

Mit diesen Skizzen wurde beispielsweise die genaue Körperhaltung des Geiers „eingefroren". Auch die Landschaft und die Mäusefamilie lassen sich später mithilfe der Skizzen wieder zum Leben erwecken. Diese fangen die Stimmung und die grobe Anordnung der Szenen ein. Bei der Landschaftsskizze wurden die einzelnen Elemente und deren Position im Bild gerade so weit ausgearbeitet, dass Berge, Bäume und Wasser gut zu erkennen sind. Aus diesen Skizzen können später tolle, fertig ausgearbeitete Bilder entstehen.

Skizze für die Körperproportionen

Um einen Menschen zu zeichnen, wird am besten mit einer Skizze für die Körperproportionen begonnen. Damit werden die Körperachsen und die Proportionen des Menschen festgelegt. Auch ob der Mensch sitzt, steht oder wie auf dieser Skizze läuft, lässt sich bereits sehr gut sehen. Die kleinen Kreise stellen dabei den Sitz der Gelenke dar und der große Kreis wird natürlich zum Kopf. Was zuerst nur wie ein Strichmännchen aussieht, wird dann später zum richtigen Menschen. Wie bei allen Hilfslinien sollte hier mit einem harten Bleistift ohne festen Druck gearbeitet werden, denn diese Linien haben im fertigen Bild später keine Bedeutung mehr, würden nur stören und werden deshalb wegradiert.

LOS GEHT'S – PRAXISTEIL

ALLTAGSGEGENSTÄNDE

LÖFFEL

Hier zeichnest du einen Gegenstand, den du sicherlich fast jeden Tag benutzt. Du kannst ihn dir beim Zeichnen auch neben das Blatt legen, dann hast du ein tolles Studienobjekt. Mithilfe von Licht und Schatten sieht der Löffel dann am Schluss sehr echt aus. Du benötigst weiche Bleistifte (2B, 4B, 5B) sowie einen harten Bleistift (2H) für die Umrisse.

Schwierigkeits-grad:

leicht

Und so geht's:

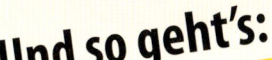

Mit dem harten Bleistift zeichnest du zuerst die grobe Form des Löffels. An den eiförmigen Teil setzt du eine gerade Linie. Das ist deine Hilfslinie für den Stiel des Löffels. Drücke nicht zu fest auf, denn die Hilfslinie soll später wieder verschwinden.

Mit einem weicheren Bleistift (2B) zeichnest du das „Ei" nach und fügst dann mithilfe der Linie den Löffelstiel ein. Jetzt soll der Löffel ja auch nach Löffel aussehen. Mit den weichen Bleistiften setzt du Licht und Schatten und gibst so deinem Löffel Tiefe und metallisches Funkeln.

GLAS

Hier zeichnest du einen Gegenstand, den du jeden Tag benutzt: das Glas zum Trinken. Das Glas kannst du dir beim Zeichnen auch neben das Blatt stellen, dann hast du ein gutes Studienobjekt. Du benötigst einen HB-Bleistift, ein Lineal und einen harten Bleistift (2H) für die Umrisse.

Schwierigkeits-grad:

leicht

Und so geht's:

1

Mit dem harten Bleistift zeichnest du zuerst eine gerade senkrechte Linie. Dazu darfst du ruhig das Lineal benutzen. Drücke nicht zu fest auf, denn diese Hilfslinie verschwindet später wieder. Um die Enden der Linie ziehst du zwei eiförmige, platt gedrückte Kreise.

2

Nun verbindest du die Außenkanten der platten Kreise mit zwei weiteren Linien. Na, sieht schon aus wie ein Glas, oder? Mit dem HB-Bleistift kannst dun nun Schatten und Spiegelungen in dein Glas zeichnen. Die Hilfslinie radierst du weg und mit einem Radierer kannst du auch die sehr hellen Stellen im Glas herausarbeiten.

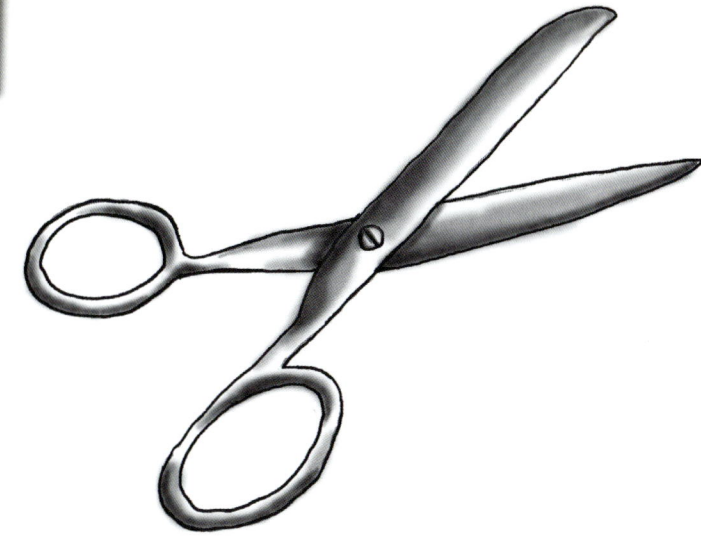

SCHERE

Hier zeichnest du, schnippschnapp, einen Gegenstand, den du oft benutzt. Du kannst dir die Schere beim Zeichnen auch neben das Blatt legen, das hilft dir beim Zeichnen. Mithilfe von Licht und Schatten sieht deine Schere dann aus, als könne sie wirklich Schnipsel schneiden. Du benötigst weiche Bleistifte (2B, 4B, 5B) sowie einen harten Bleistift (2H) für die Umrisse.

Und so geht's:

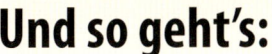

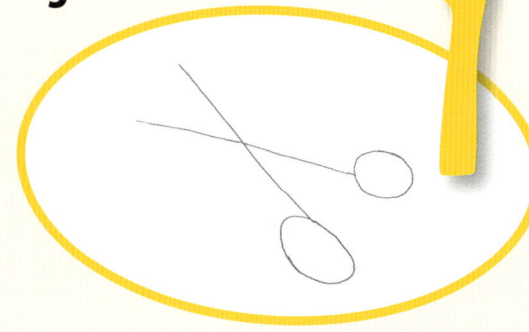

Schwierigkeits-grad:

leicht

Mit dem harten Bleistift zeichnest du zuerst die grobe Form der Schere, die Öffnungen für die Finger und die Hilfslinien für die Schneiden. Drücke nicht zu fest auf, denn die Hilfslinien radierst du später wieder weg.

Mit einem weicheren Bleistift (2B) zeichnest du die einfache Schere parallel noch einmal nach. So sieht es dann schon fast wie eine echte Schere aus. Achte auf die abgerundete Spitze und die ganz spitze. Mit den weichen Bleistiften setzt du nun Licht und Schatten. Besonders an den Kanten soll die Schere schön dunkel werden. Denk auch an die kleine Schraube in der Mitte.

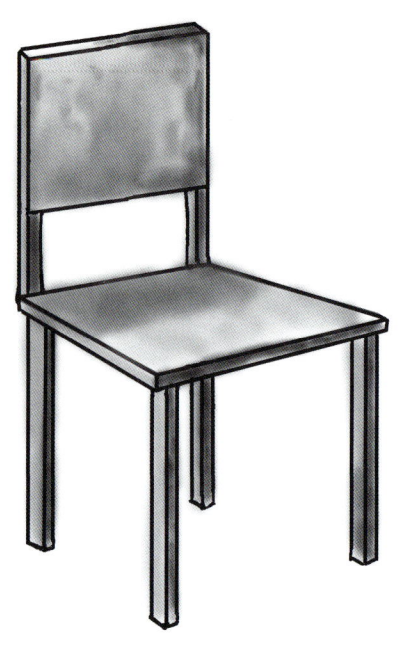

STUHL

Bitte setz dich! Dann steh wieder auf und nimm die Herausforderung an, einen Stuhl zu zeichnen. Das ist nicht ganz einfach, aber auch kein Hexenwerk, schau zuvor auch noch in das Kapitel Perspektive (s. S. 18 ff.). Du benötigst einen harten Bleistift (2H), ein Lineal und für die Schattierungen benutzt du verschiedene weiche Bleistifte (2B, 4B, 6B).

Schwierigkeitsgrad:

schwer

Und so geht's:

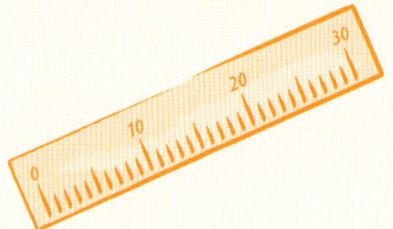

Zuerst trägst du dir mit dem harten Bleistift die Hilfslinien für das perspektivische Zeichnen ein. Diese Hilfslinien weisen in Richtung des Fluchtpunktes, den du mit einem Kreuzchen markierst. Verwende dafür ein Lineal.

In diese Hilfslinien setzt du dann ein Rechteck, dessen Außenkanten genau auf den Hilfslinien liegen. Das wird dann die Sitzfläche von deinem Stuhl.

Ein Stuhl steht natürlich nicht ohne Beine. Zeichne diese ein, aber achte darauf, dass die Beine des Stuhls an jeder Ecke gleich lang sind.

2

3

Auf die Sitzfläche setzt du die Außenstützen für die Lehne des Stuhls. Auch diese sind genau gleich lang. Zeichne auch die Lehne als Rechteck ein. So, jetzt sieht es schon aus, als könne man darauf sitzen.

4

5

In diesem Schritt verschwinden nun deine Hilfslinien, denn der Stuhl steht und sieht auch perspektivisch richtig aus. Mit den weichen Bleistiften setzt du nun Licht und Schatten ein und gestaltest die Oberfläche des Stuhls.

BLUMEN UND PFLANZEN

GETREIDE

Hier lässt du Getreide wachsen. Zuerst zeichnest du die Halme des Korns mit einem harten Bleistift (2H) aufs Papier. Mithilfe unterschiedlicher Formen und Schraffuren sowie Licht und Schatten erschaffst du Ähren und Halme. Dazu benutzt du verschiedene weiche Bleistifte (3B, 4B, 5B) und einen harten Bleistift (2H) für die Grannen – das sind die feinen Härchen an den Ähren.

Schwierigkeitsgrad:

leicht

Und so geht's:

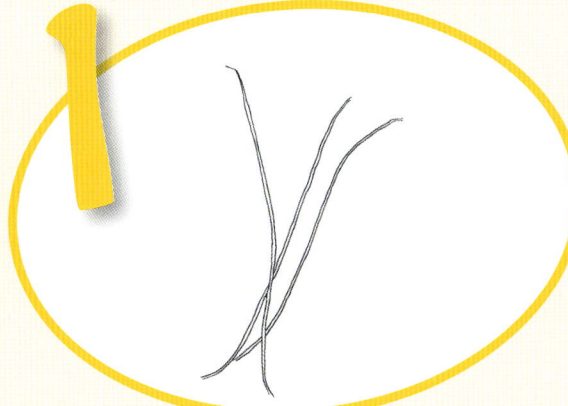

Getreidehalme entstehen aus sanft gebogenen Linien. Zeichne mit dem 2H-Bleistift für jeden Halm je zwei dicht zusammenliegende, parallele Linien.

Auf deine Getreidehalme setzt du nun die Ähren auf. Diese bestehen aus kleinen übereinandergesetzten Ovalen. Achte darauf, dass die Ovale sich überlappen, damit deine Ähren auch echt aussehen.

Damit die Ähren auch prall mit Körnern gefüllt wirken, zeichnest du seitlich noch einige Ovale dazu, die sich eben- falls wieder überlappen sollten.

Halme und Ähren werden nun mit dem 3B-Bleistift schattiert. Besonders dort, wo sich die Ovale der Ähren überlappen, sollte es dunkel werden.

Jetzt malst du mit dem 2H-Bleistift kleine Zipfel an die Enden der Ovale. Mit dem 4B-Bleistift schattierst du die Halme und Ähren noch etwas dunkler. Zum Schluss zeichnest du mit dem 2H-Bleistift schwung- voll die langen Grannen, die aus den kleinen Zipfeln wachsen. Mit dem 5B-Bleistift kannst du die Überlappungen der Ovale noch dunkler und kräftiger gestalten.

TULPE

Hier zeichnest du eine Tulpe. Zuerst bringst du die groben Umrisse mit einem harten Bleistift (2H) aufs Papier, und dann erblüht die Tulpe mithilfe unterschiedlicher Schraffuren, Licht und Schatten und der Verwischtechnik. Dazu benutzt du verschiedene weiche Bleistifte (2B, 4B, 6B) und den Papierwischer.

Schwierigkeits-grad:

mittel

Und so geht's:

Um eine Tulpe darzustellen, zeichnest du zuerst mit dem harten Bleistift ein etwas krakeliges Ei. Drück dabei nicht zu fest auf, denn das ist nur eine Hilfslinie, die hinterher bei der fertigen Tulpe nicht mehr zu sehen sein soll.

2

Das Ei schwebt nun mitten auf dem Blatt und bekommt jetzt einen geschwungenen dünnen Stiel dazu. Er biegt sich etwas, weil das Ei natürlich viel zu schwer für den Stiel ist.

3

Nun schlüpft eine Tulpe aus dem Ei. Dazu zeichnest du einige Spitzen an das Ei und teilst diese dann, wie es auf der Abbildung zu sehen ist, in Blütenblattflächen auf.

Jetzt bekommt die Tulpe Blätter. Das rechte Blatt ist abgeknickt, wie das Bein einer sprungbereiten Heuschrecke, es wird aber etwas dicker gezeichnet. Das linke Blatt biegt sich in einem eleganten Bogen.

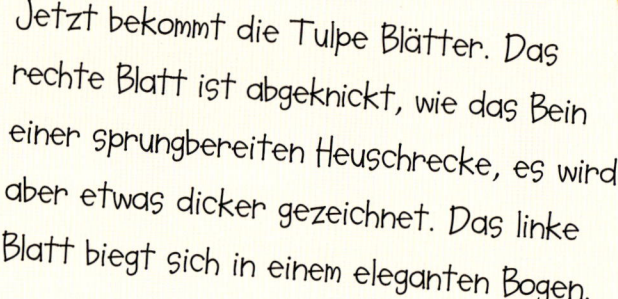

4

5

Anschließend ergänzt du noch die Außenlinien der Blätter. Bei dem linken Blatt zeichnest du die Linie in der Mitte und bei dem rechten Blatt ebenfalls die Linie in der Mitte sowie die Verlängerung der oberen Außenlinie.

6

Nun ziehst du mit dem 2B-Bleistift die Mittellinien nach und gibst den Blütenblättern mit v-förmigen Strichen eine Struktur.

Mit dem 4B-Bleistift setzt du Schatten. Das machst du, indem du den unteren Teil der Blüte, den Blattansatz und den Blattknick dunkel schattierst.

7

8

Durch unterschiedliche Strichführung mit dem 4B- und 6B-Bleistift bekommt die Tulpe hier die schöne Struktur auf den Blättern und Blütenblättern. Mit einem weichen Tuch oder dem Finger verwischst du die Übergänge zwischen den hellen und dunklen Flächen. Entferne die Hilfslinien vorsichtig mit dem Radierer.

BÄUME

Hier zeichnest du einen Nadel- und einen Laubbaum. Zuerst bringst du die groben Umrisse der Baumstämme mit einem harten Bleistift (2H) aufs Papier. Mithilfe unterschiedlicher Formen, Schraffuren, Licht und Schatten sowie der Verwischtechnik lässt du Blätter, Nadeln, Rinde und Stamm entstehen. Dazu benutzt du verschiedene weiche Bleistifte (2B, 4B, 7B) und den Papierwischer.

Schwierigkeitsgrad: mittel

Und so geht's:

Für den Nadelbaum zeichnest du zuerst eine große Nadel. Zeichne für den Laubbaum daneben die Umrisse des Stamms. Drück dabei mit dem Bleistift nicht zu fest auf, damit du noch etwas verbessern kannst, wenn es nicht direkt beim ersten Mal perfekt klappt.

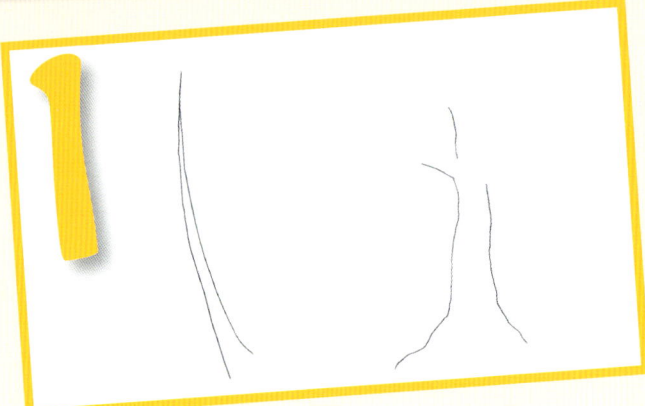

Deine große Nadel bekommt nun an den Seiten gebogene Linien, die von oben nach unten immer flacher abfallen. Der Stamm des Laubbaums wird mit einigen leicht krakeligen Wolken versehen. Setze sie dorthin, wo der Baum später sein Laub haben soll.

3

Mit kurzen, festen Strichen unter den gebogenen Linien gibst du dem Nadelbaum seine richtige Form. Die Wolken im Laubbaum werden durch kleine Äste und zusätzliche Konturen (dort wo die Äste im Laub verschwinden) zu einer dichten Laubkrone.

4

Die Stämme der Bäume bekommen durch kräftige Striche ihre Rinde. Die Laub-wölkchen lässt du durch weitere kleine geschwungene Linien buschig erscheinen.

5

Mit dem 4B-Bleistift schattierst du die Nadeln des Nadelbaums. Im Stamm des Laubbaums erscheint durch den 7B-Bleistift eine geheimnisvolle Baumhöhle. Mit 4B und 2B schaffst du Schatten im Laub des Baumes. Die Baumstämme wirken durch kräftige Schatten, die du mit dem 4B- und 7B-Bleistift entstehen lässt, alt und knorrig. Nadeln und Laub bekommen ebenfalls mit diesen Bleistiften hellere und dunklere Flächen. Du kannst sie auch verwischen, dadurch wirken die Bäume lebendig.

OBST

Leckeres knackfrisches Obst! Mit dem harten Bleistift (2H) zeichnest du die eiförmigen Umrisse von Apfel, Kirsche und Zitrone aufs Papier. Mithilfe unterschiedlicher Schraffuren, Licht und Schatten und der Verwischtechnik sehen sie richtig appetitlich aus! Dazu benutzt du verschiedene weiche Bleistifte (4B, 7B).

Schwierigkeitsgrad:

mittel

Und so geht's:

1

Mit dem harten Bleistift zeichnest du die Umrisse der Früchte als unterschiedlich große Kreise, die ruhig etwas krakelig sein dürfen. Links entsteht ein Apfel, in der Mitte die Kirsche und rechts eine halbe Zitrone.

Der Kirsche zeichnest du nun oben ein kleines Loch für den Stiel und der Zitrone zwei Innenkreise. Der größere ist dabei ganz nah am äußeren Umriss, der kleine Kreis kommt in die Mitte, so wie du es auf dem Bild siehst.

2

3

Apfel und Kirsche bekommen jetzt ihren Stiel. Der Zitrone malst du „Fahrradspeichen" in ihr Fruchtfleisch. An die so entstandene Zitronenscheibe zeichnest du zipfelförmig die Umrisse der halben Frucht.

Mit dem 4B-Bleistift schaffst du dunkle Schatten. Achte v. a. darauf, die Ansätze der Stiele schön dunkel zu gestalten. Die Schale der Zitrone kannst du mit einer kreisförmigen Schraffur sehr echt wirken lassen.

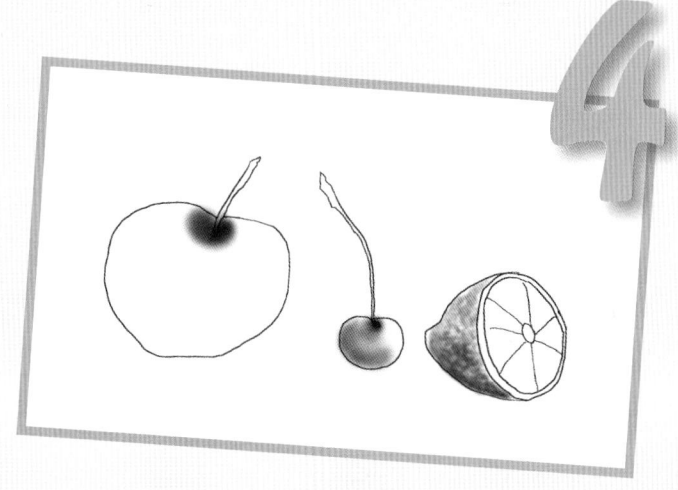

4

Durch gerundete, schwungvolle Linien, die vom Stielansatz ausgehen, bekommt der Apfel Struktur und wirkt richtig pausbäckig. Die Zitrone wird dunkler schattiert und die Kirsche bekommt ebenfalls Schatten. Mit den weichen Bleistiften 4B und 7B gibst du dem Obst den letzten Schliff. Drücke ruhig etwas kräftiger auf und verwische die Übergänge. Der Zitrone zeichnest du Fruchtfleisch mit vielen feinen Linien, die von der Mitte nach außen reichen.

5

MENSCHEN

GESICHT

Hier zeichnest du das Gesicht einer Frau in der Seitenansicht. Zuerst kommen die Umrisse und die Hilfslinien, also die Markierungen für den Sitz des Auges, der Augenbraue, der Nase und der Lippen. Dafür brauchst du den 2H-Bleistift. Dann zeichnest du darüber das Frauengesicht mit einem HB-Bleistift. Auch einen weichen Bleistift (5B) brauchst du.

Schwierigkeits-grad:

 mittel

Und so geht's:

Zeichne dünn und ohne festen Druck einen Kreis. Das wird der Kopf der Frau.

1

2

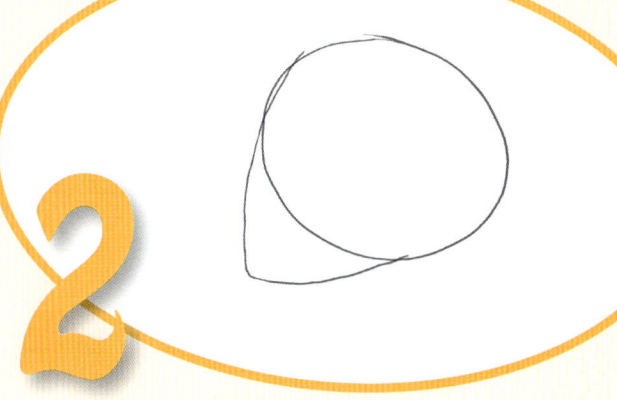

Unten seitlich an den Kreis zeichnest du ein leicht rundliches Dreieck. Es soll beinahe wie ein großer Schnabel aussehen.

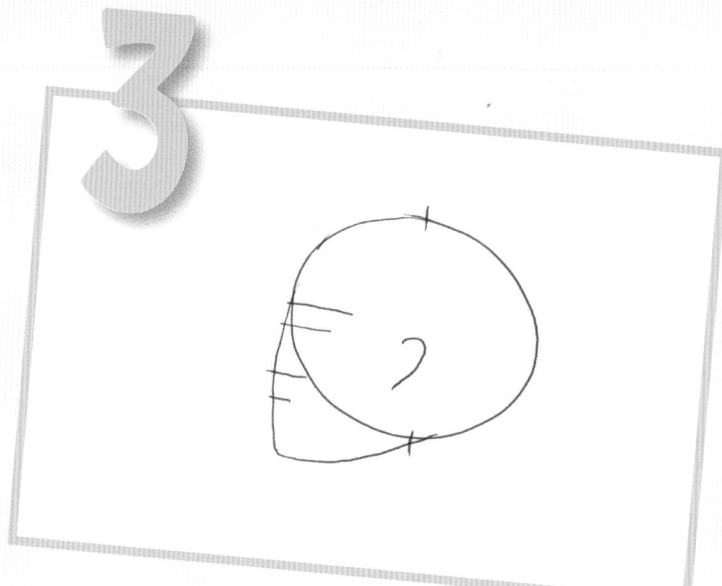

Sieh dir auf dem Bild genau an, wo die Hilfslinien sind. Der Sitz von Augenbraue, Auge, Nase und Lippen wird durch die kurzen Linien markiert. Auf der Höhe des Strichs für das Auge setzt du dann das Ohr mittig im Kreis an.

Mithilfe deiner Linien zeichnest du nun die Umrisse der Seitenansicht. Der Kopf wird hinten leicht abgeflacht. Die Spitze des „Schnabels" wird zum Kinn. Wenn du mit den Umrissen zufrieden bist, zeichne sie mit dem HB-Bleistift nach.

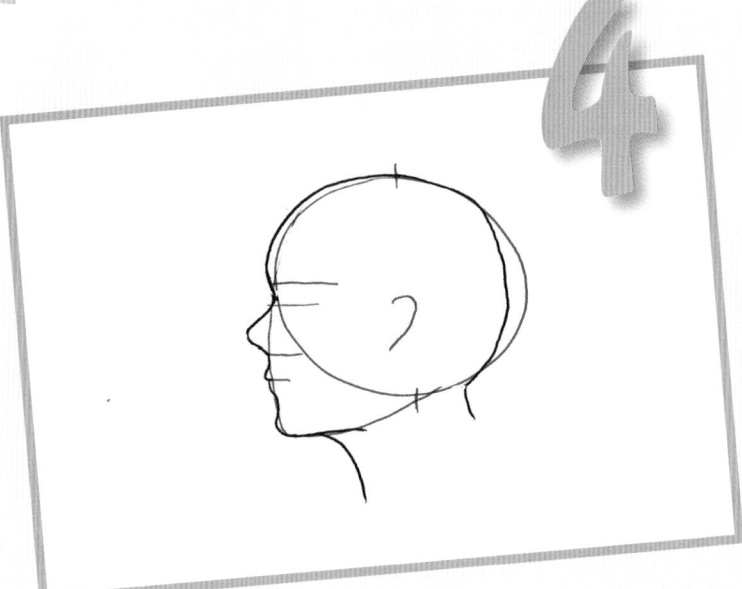

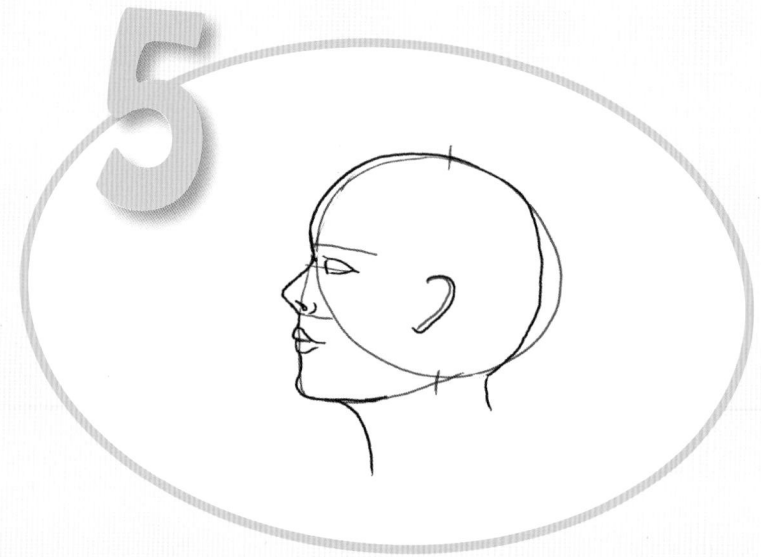

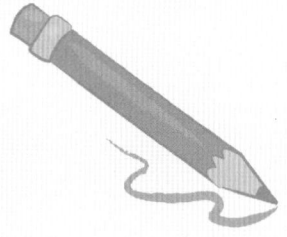

Zeichne deiner Frau Auge, Nase und Lippen.

6

Jetzt verschwinden die Hilfslinien, die im fertigen Gesicht ja nur stören würden. Radiere sie einfach vorsichtig weg.

Deiner Frau wachsen nun die ersten Haare. Auge, Augenbraue und die Lippen bekommen mehr Details und werden mit dem weichen Bleistift schattiert.

7

8

Mit dem harten Bleistift wird aus den Haaren eine richtige Mähne. Das Ohr wird von den Locken ein wenig verdeckt. Mit dem weichen Bleistift schattierst du die Haare kräftig. Weichere Schatten kannst du noch unter dem Kinn und an der Stirn setzen. Zum Schluss kannst du auch einige Sommersprossen auf der Nase verteilen.

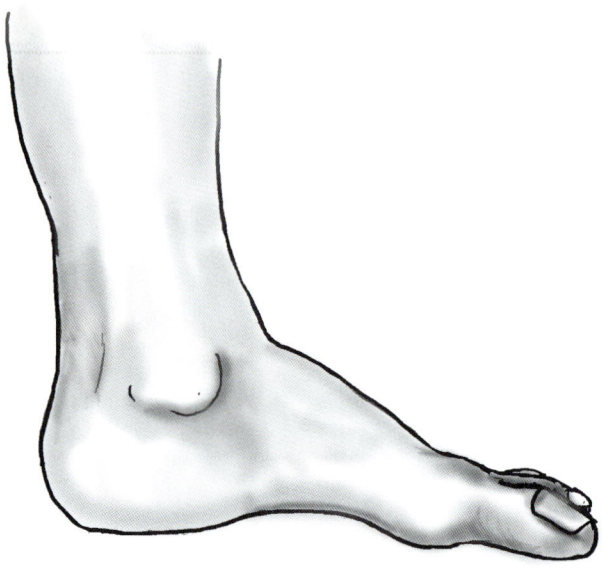

FUSS

Hier zeichnest du einen sehr wichtigen Körperteil, ohne den die Fortbewegung nicht möglich wäre: den Fuß. Schaue dir deinen eigenen Fuß einmal ohne Socken oder Strümpfe an, damit du siehst, wo die Gelenke sitzen und wie sie sich bewegen – das hilft beim Zeichnen. Für diese Zeichnung benötigst du die HB-, 2H- und 2B-Bleistifte.

Schwierigkeitsgrad:

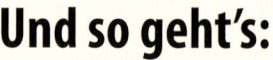 mittel

Und so geht's:

Du beginnst mit einem Kreis, an den du eine Art Schnabel zeichnest. Der Kreis wird das Fußgelenk, der Schnabel der restliche Fuß. Nimm dazu den 2H-Bleistift.

Jetzt kannst du den Fuß schon besser erkennen. Setze hinten an den Fußgelenk-Kreis die Ferse. Verlängere den Kreis ein Stück nach oben, um den Unterschenkel anzudeuten.

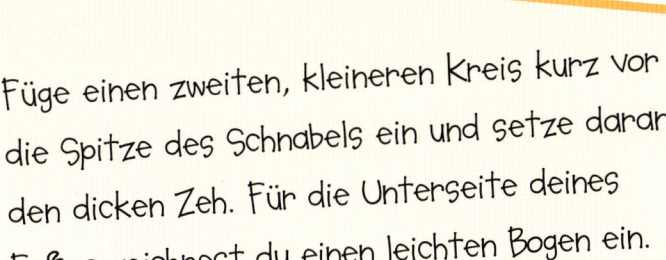

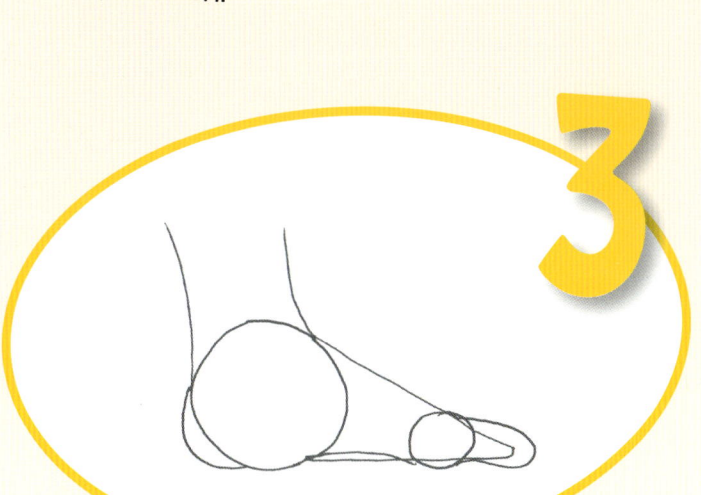

Füge einen zweiten, kleineren Kreis kurz vor die Spitze des Schnabels ein und setze daran den dicken Zeh. Für die Unterseite deines Fußes zeichnest du einen leichten Bogen ein.

Nun kannst du die Umrisse mit dem HB-Bleistift nachziehen.

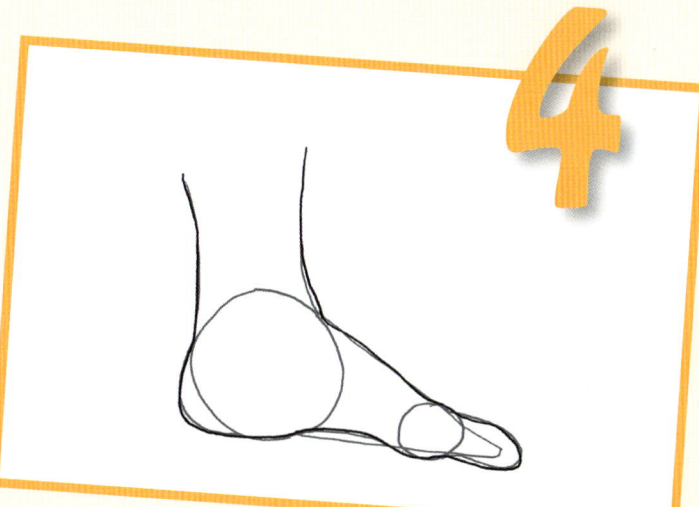

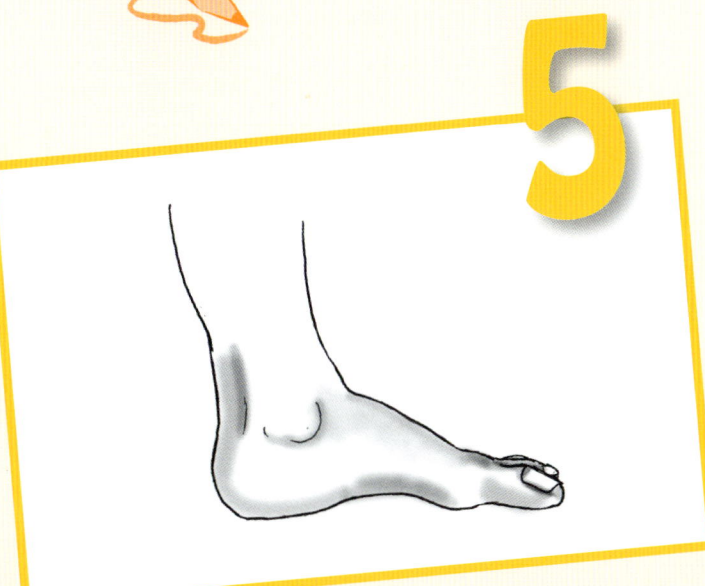

Jetzt verschwinden deine Hilfslinien. Radiere sie einfach weg. Deute den Knöchel an und zeichne die Zehen und die Zehennägel ein. Du musst nur noch mit dem 2B-Bleistift schattieren und fertig ist ein ungemein wichtiger Körperteil!

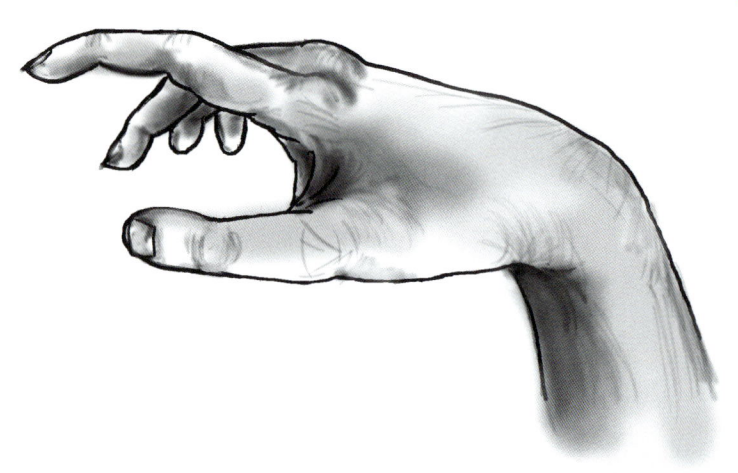

HAND

Ohne Hand könntest du wahrscheinlich gar nicht zeichnen. Schau sie dir einmal genau an. Hände sind sehr schwer zu zeichnen, aber lass dich nicht entmutigen, wenn es nicht sofort klappt: Selbst große Künstler haben damit manchmal Probleme und verstecken die Hände ihrer Figuren lieber. Du benötigst hier den 2H-Bleistift zum Vorzeichnen sowie den HB-, 3B- und 5B-Bleistift.

Schwierigkeits-grad:

schwer

Und so geht's:

Du beginnst mit einem Gebilde, das etwa so aussieht wie der dicke Daumen. Lass dich davon aber nicht in die Irre führen, daraus wird etwas ganz anderes entstehen, nämlich der Handrücken.

An das flache Ende des „Daumens" zeichnest du einige Hilfslinien für die Finger und daran Kreise für die Knöchel und Gelenke. Schau dir auf dem Bild genau an, wo sie sitzen sollen! Dabei nicht fest aufdrücken, die Linien sollen später wieder verschwinden!

Dann zeichnest du weitere Hilfslinien und Kreise für die restlichen Finger. Auf der anderen Seite verlängerst du das Gebilde zum Unterarm hin. Jetzt kannst du schon gut erkennen, wie die Hand später aussehen wird.

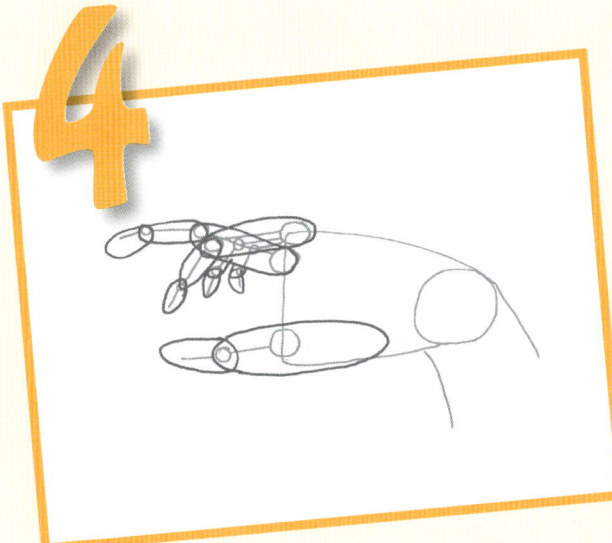

Um die Hilfslinien herum zeichnest du einige große und kleinere „Würste": Das werden die Finger. Bestimmt hast du auch schon mal das Wort „Wurstfinger" gehört – vorerst passt es.

Damit aus den Würsten richtige Finger werden, zeichnest du die Umrisse mit dem HB–Bleistift nach, so wie du es auf dem Bild siehst.

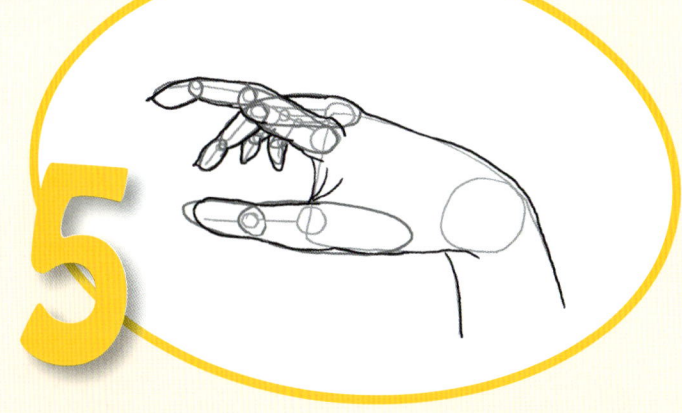

6

Jetzt kannst du deine Hilfslinien und Kreise wegradieren und die Fingernägel andeuten.

Eine Hand ist selbst bei kleinen Kindern nicht faltenfrei. Diese hier ist schon etwas älter und braucht deshalb eine Menge Falten, besonders an den Gelenken. Schaue dir deine eigene Hand genau an, dann siehst du, wo die Falten hingehören. Am besten zeichnest du sie vorsichtig mit einem sehr spitzen HB-Bleistift.

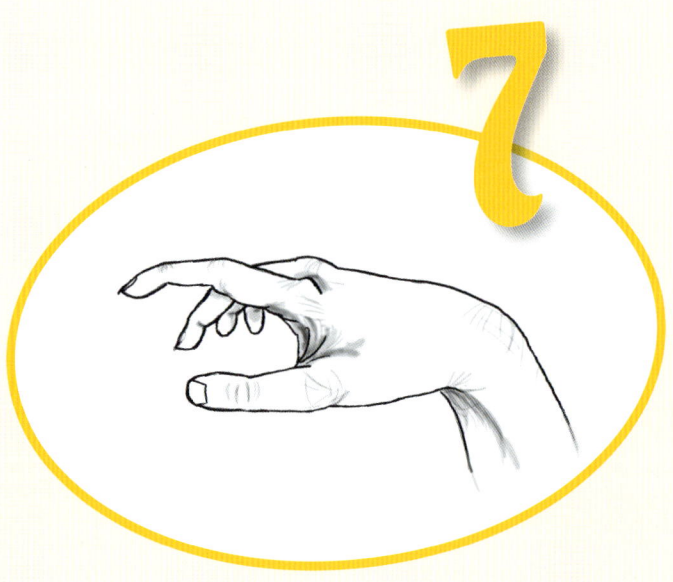

7

8

Mit den weichen Bleistiften kannst du die Schatten ausarbeiten. Achte dabei auf die Gelenke. Schattiere noch kräftig nach – und fertig ist deine Hand.

JUNGE

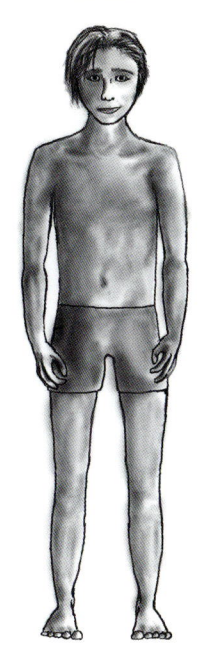

Hier zeichnest du einen Jungen in Badehose. Zuerst bringst du die Hilfslinien, also die Skizze für die Körperproportionen, mit dem 2H-Bleistift aufs Papier. Dann zeichnest du die Umrisse mit einem HB-Bleistift. Auch weiche Bleistifte (2B, 4B, 5B, 6B, 7B) kommen für die Schattierungen zum Einsatz.

Schwierigkeitsgrad:

schwer

Und so geht's:

Vorsichtig und ohne festen Druck zeichnest du zuerst die Skizze für die Körperproportionen aufs Blatt. Damit legst du die Körperachsen und die Proportionen des Jungen fest. Die kleinen Kreise stellen dabei den Sitz der Gelenke dar.

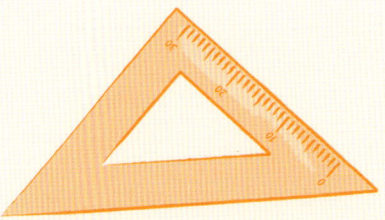

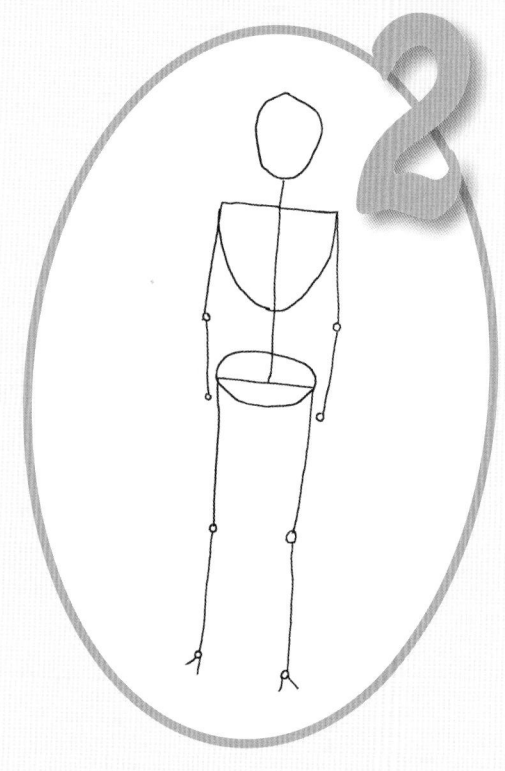

Der Strichmännchen–Junge bekommt einen Oberkörper in dreieckiger Form und einen Kreis für die Hüfte.

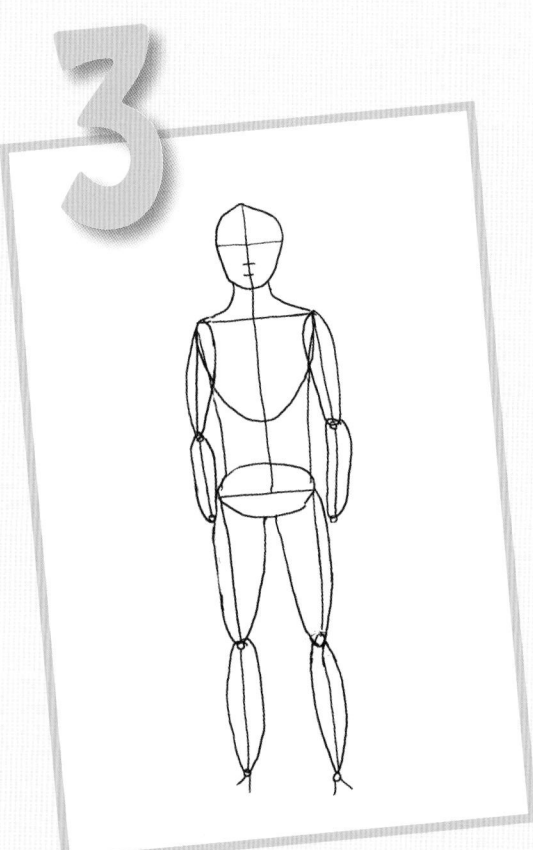

Um die Hilfslinien herum „fütterst" du den noch sehr mageren Jungen jetzt, damit er die richtige Gestalt annimmt. An den Gesichtshilfslinien kannst du schon den Sitz von Mund und Nase mit einem feinen Strich festlegen. Arme und Beine zeichnest du als längliche Ovale. Der Oberkörper wird mit dem Unterkörper verbunden.

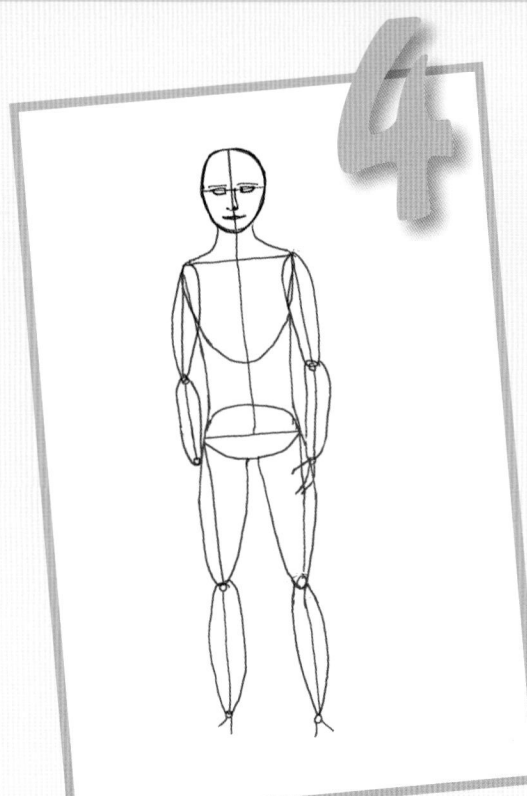

Nun entsteht das Gesicht. Der Kopf bekommt Augenbrauen, Augen, Nase und Lippen. Auch eine Hand wird schon mit Hilfslinien angedeutet.

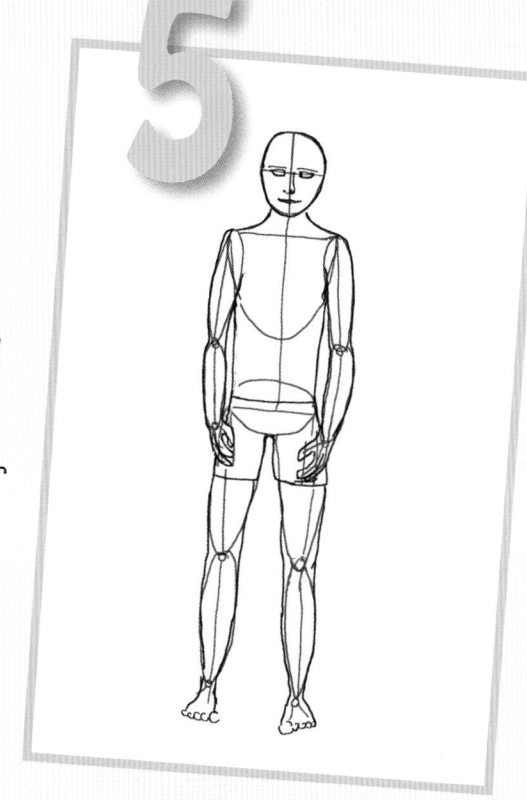

Der Körperumriss wird mit einem HB-Bleistift nachgezogen und Finger und Zehen werden an- gezeichnet.

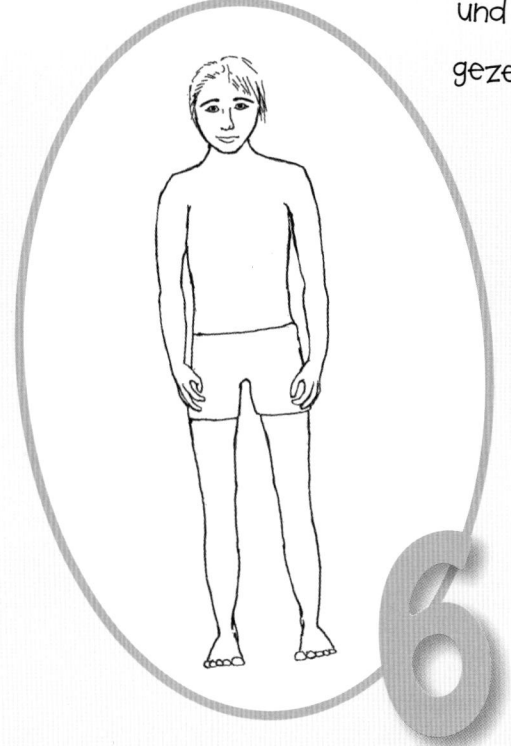

Jetzt verschwinden die Hilfslinien. Der Junge bekommt Haare und Pupillen. Auch eine Badehose kannst du schon einzeichnen.

7

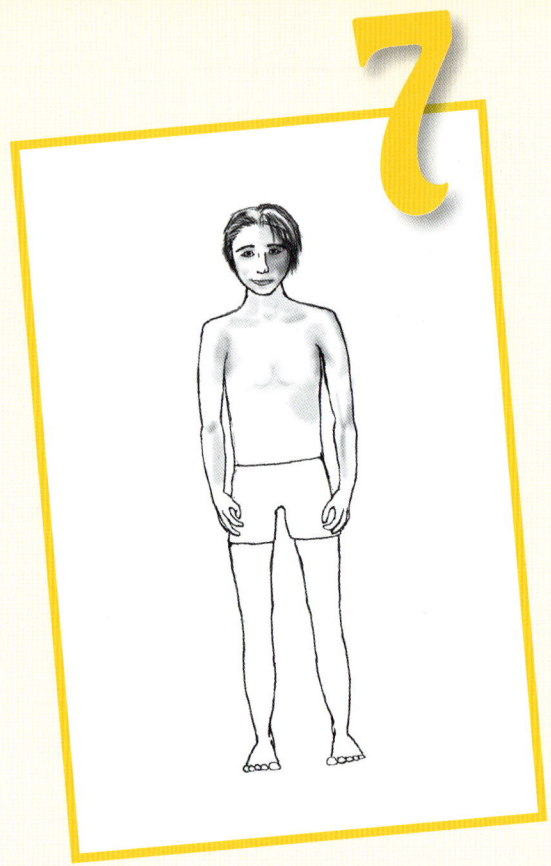

Um den Körper nicht platt und formlos aussehen zu lassen, setzt du hier die ersten Schatten mit den weichen Bleistiften. Achte besonders auf den Schlüsselbeinbereich und das Gesicht.

8

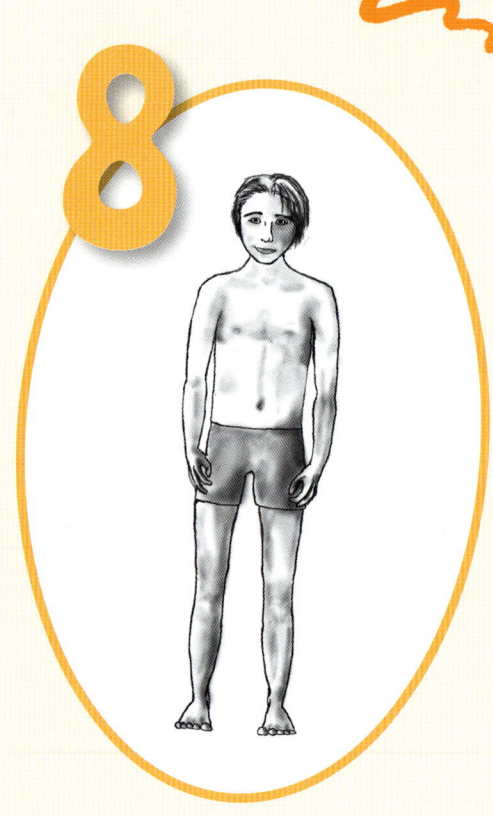

Durch das Setzen von Schatten machst du jetzt die Muskeln und die Körperform deutlich. Vergiss den Nabel nicht! Schattiere noch kräftig nach und fertig ist deine erste Körperstudie.

TIERE UND FABELWESEN

GIRAFFE

Hier kommt die elegante und langhalsige Giraffe, das höchste an Land lebende Tier, aufs Papier. Die Umrisse zeichnest du wieder mit dem harten Bleistift (2H). Durch verschiedene Schattierungen und unregelmäßige Vierecke wirkt das Fell der Giraffe ganz echt. Dazu benutzt du auch die weichen Bleistifte (2B, 4B, 6B und 7B).

Schwierigkeitsgrad: mittel

Und so geht's:

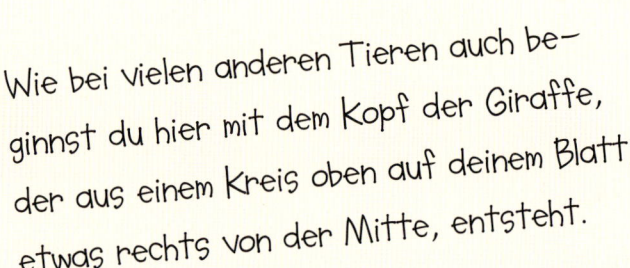

Wie bei vielen anderen Tieren auch beginnst du hier mit dem Kopf der Giraffe, der aus einem Kreis oben auf deinem Blatt, etwas rechts von der Mitte, entsteht.

An den Kopf fügst du den langen Hals und die Schnauze der Giraffe an.

2

Ein großes unregelmäßiges Oval bildet den Giraffenkörper.

3

4

Nun fehlen dem Tier noch die typischen langen Stelzenbeine. Diese deutest du erst mal mit den dir schon bekannten Hilfslinien für Beine und Gelenke an. Die Ansätze der Beine am Körper sind u-förmig.

Die große Giraffe kann natürlich nicht auf diesen dünnen Strichen stehen bleiben! Zeichne ihr dickere Beine und orientiere dich dabei wieder an den Hilfslinien.

5

6

In diesem Schritt radierst du deine dünnen Hilfslinien fort und hast nur noch den schönen Umriss einer Giraffe. Der Kopf bekommt die kleinen Hörner, Ohren, Auge und Maul. Vergiss auch den langen Schwanz nicht! Bist du mit deinem Werk zufrieden? Dann zeichne die Umrisse mit einem weichen Bleistift kräftiger nach.

Jede Menge unregelmäßige Vierecke lassen der Giraffe das typische Fell wachsen. Auch den kurzen Mähnenkamm kannst du schon andeuten.

7

8

Mit den weichen Bleistiften zeichnest du das Auge und schattierst die Flecken des Fells, Hörner, Hufe und Hals dunkler. Mit dem 2B-Bleistift schattierst du den Halsmuskel. Mit deinen letzten Schattierungen solltest du die kräftigen Muskeln der Giraffe herausarbeiten.

HUND

Hier zeichnest du einen großen Hund. Zuerst bringst du die groben Umrisse mit einem harten Bleistift (2H) aufs Papier, dann wird daraus dein Hund zum Leben erweckt. Mithilfe unterschiedlicher Schraffuren wächst ihm ein dichtes Fell. Dazu benutzt du verschiedene weiche Bleistifte (2B, 4B, 6B, 7B).

Schwierigkeits- grad:

schwer

Und so geht's:

Um den Hund zu zeichnen, beginnst du rechts auf deinem Blatt, etwas oberhalb der Mitte, mit einem Kreis für den Kopf. Drück dabei nicht so fest auf, denn das ist nur eine Hilfslinie, die hinterher nicht mehr zu sehen sein sollte.

An deinen Kreis kommt nun die Hundeschnauze. Zeichne dazu ein halbes, schiefes Rechteck. Drücke auch hier mit dem Bleistift nicht allzu fest auf, denn auch diese Linien sollen später unter dem dichten Fell des Hundes verschwinden.

3

An den Kreis mit der Schnauze fügst du nun eine große Sechs an. Diese Sechs ist deine Hilfslinie für Hals und Brust des Hundes. Auch hier gilt wieder: nur leicht aufdrücken!

Jetzt bekommt dein Hund einen Körper. Dieser schließt sich an die Sechs an, wächst aus ihr heraus und sieht aus wie ein großes, langes Oval.

4

5

Zeichne die Hilfslinien für den hinteren Oberschenkel des Hundes – das ist ein kleineres Oval, das ganz hinten schräg im größeren Oval sitzt. Für die Beine des Hundes machst du zunächst einfache Striche als Hilfslinien und kleine Kreise, um die Gelenke anzudeuten.

6

Jetzt sieht die Zeichnung schon aus wie ein richtiger Hund! Um die Hilfslinien herum zeichnest du die äußeren Umrisse des Hundes, die Ohren, das Auge, die Schnauze, die Nase, die Pfoten und den Schwanz. Wenn sie dir gut gelungen sind, zeichnest du die Umrisse mit dem 2B-Bleistift nach.

Mit dem 2B-Bleistift und dicht aneinandergesetzten Wellenlinien bekommt dein Hund sein schönes lockiges Fell. Das Fell solltest du in Wuchsrichtung zeichnen, so, wie du den Hund vom Kopf herunter über den Rücken streicheln würdest. Das Auge zeichnest du mit dem 6B-Bleistift ganz dunkel ein und lässt einen kleinen weißen Glanzfleck frei. Dieser bringt das Auge zum Funkeln.

7

8

Mit den weichen Bleistiften wird das Fell dichter und dunkler. Achte darauf, weiterhin in Wuchsrichtung des Fells zu zeichnen und lasse Bauch, Rücken und den oberen Schwanz schön dunkel werden. Zeichne deinem Hund nun auch Krallen, Nase und Schnauze. Schattiere noch kräftig und dunkel nach, verwische die Konturen und radiere kleine Lichteffekte ins Fell.

KATZE

Hier zeichnest du nun eine süße Katze. Zuerst bringst du die Umrisse mit einem harten Bleistift (2H) auf dein Blatt Papier, zeichnest dann Fell und Gesicht und schon schnurrt die Katze. Dazu benutzt du verschiedene weiche Bleistifte (2B, 4B, 6B, 7B).

Schwierigkeitsgrad:

 schwer

Und so geht's:

Um die Katze zu zeichnen, beginnst du rechts auf deinem Blatt, etwas oberhalb der Mitte, mit einem Kreis. Der Kreis wird der Katzenkopf.

1

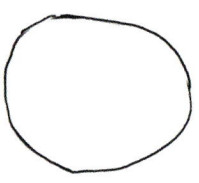

2

In den Kreis kommt ein großes Kreuz. Das sind deine Hilfslinien für das Gesicht, also nicht zu fest aufdrücken, sie sollen im fertigen Bild nicht mehr zu sehen sein.

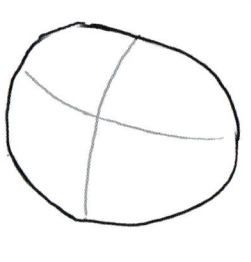

3

Augen und Näschen der Katze zeichnest du mithilfe der Linien ein. Das ist so einfacher, und du kannst sicher sein, dass Augen und Nase auch an den richtigen Stellen sitzen.

4

Nun bekommt die Katze Ohren und Hals. Dazu zeichnest du je ein Dreieck für die spitzen Ohren. Für den Hals nimmst du ebenfalls die Form eines Dreiecks, drehst es einfach um und vergrößerst es.

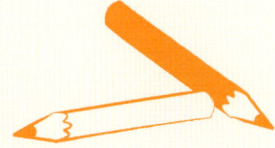

5

Deine Katze benötigt noch einen Körper, also fange mit dem langen, gerade ge-streckten Rücken an und deute mit feinen Linien und dem harten Bleistift auch schon einmal die Position der Beine an.

Um diese Hilfslinien herum zeichnest du die Hinterläufe und die vorderen Beine der Katze. Schau dir genau die runde Form der Hinterläufe und die schmalen Vorderbeine an. Den Schwanz zeichnest du in einem eleganten großen Bogen. Erwecke die Augen und das Schnäuzchen mit einem weichen Bleistift (6B) zum Leben.

Nun setzt du mit dem 2B- und dem 4B-Bleistift erste Schattierungen. Achte auf die Ohren und die Stellen, wo die Katze auf dem Boden liegt, diese werden dunkler schattiert.

Das Fell wird mit schnellen, langen Strichen und unterschiedlich weichen Bleistiften gezeichnet. Achte dabei auf helle und dunkle Kontraste, das lässt das Fell buschig und echt erscheinen. Mit den weichen Bleistiften kannst du am gesamten Körper der Katze Schatten setzen. Lass ihr zum Schluss noch die schönen Barthaare wachsen. Miau!

PFERD

Hier entsteht ein feuriges Pferd! Zuerst zeichnest du die Umrisse mit dem harten Bleistift (2H) aufs Papier, dann kann dein Pferd springlebendig werden. Mithilfe unterschiedlicher Schraffuren und Strukturen bekommt es Fell, Schweif und Mähne. Dazu benutzt du wieder die verschiedenen weichen Bleistifte (2B, 4B, 5B, 6B, 7B).

Schwierigkeitsgrad:

schwer

Und so geht's:

Hier sind sie wieder, die krakeligen Kreise. Auch diesmal entsteht der Kopf daraus, rechts oben auf deinem Blatt. Achte darauf, dass der obere Kreis etwas flacher ist. Verbinde die Kreise mit einem Strich.

Den zweiten Verbindungsstrich zwischen den Kreisen zeichnest du leicht gebogen. Dann setzt du über die Kreise einen großen Bogen. Jetzt kann man den Pferdekopf schon fast erkennen!

Los geht's – Praxisteil

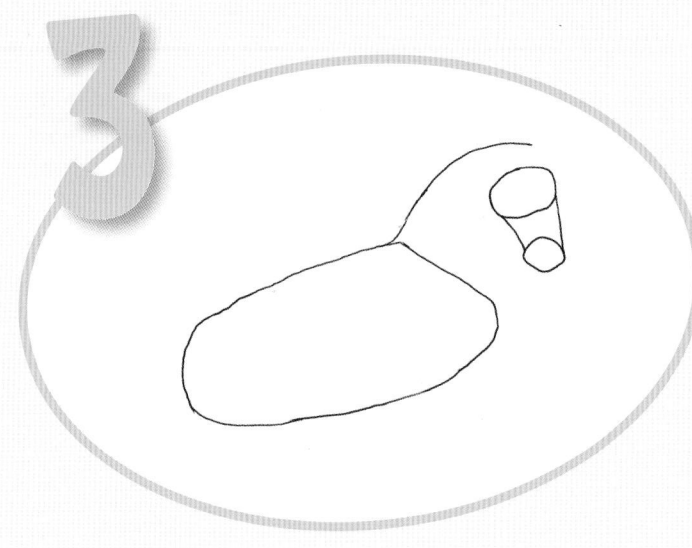

An den Bogen schließt sich der Körper des Pferdes an. Wenn du ihn zeichnest, denk an eine etwas abgeflachte große Kartoffel.

Schließe nun den Hals. Zeichne für die Beine des Pferdes zunächst die Hilfslinien, die du ja mittlerweile schon gut kennst. Das ist ziemlich schwer, deshalb drücke mit dem harten Bleistift nur leicht auf und probiere es notfalls so lange, bis du mit dem Ergebnis zufrieden bist. Ein weiterer Krakelkreis wird später das Hinterteil des Pferdes.

Jetzt ist die endgültige äußere Form mitsamt den Beinen, Hufen und den spitzen Ohren an der Reihe. Orientiere dich dabei an deinen Hilfslinien und dem Beispielbild.

6

Radiere die Hilfslinien weg und zeichne Mähne und Schweif. Auch Auge, Maul und Nüstern kannst du schon einzeichnen. Den gesamten Umriss ziehst du dann mit einem weichen Bleistift (2B) nach.

Mit den weichen Bleistiften setzt du danach die ersten Schattierungen. Achte dabei auf Rücken, Hals und Beine.

7

8

Jetzt zeichnest du die Iris des Auges ein. Arbeite sehr kräftige Schatten ein und verwische auch die Striche am Rücken des Pferdes. Der letzte Schliff sind die Mähne und der buschige Schweif. Mit einem harten Bleistift (2H) werden hellere Schweif- und Mähnenhaare gezeichnet und mit den weichen Bleistiften die dunkleren Haare. Zusätzliche Lichtreflexe werden mit dem Radierer geschaffen.

EINHORN

Hier kannst du mit ein paar Abwandlungen aus dem Pferd (s. S. 63 ff.) ein mystisches Einhorn werden lassen. Bis zum sechsten Schritt ist dabei alles gleich. Du benötigst auch die gleichen Bleistifte wie beim Pferd.

Schwierigkeits-grad:

schwer

Und so geht's:

In diesem Schritt zeichnest du dem Pferd mitten auf den Kopf ein langes, schmales Horn und sehr viel mehr Haare. Auch an den Hufen und unter dem Bauch kannst du Haare andeuten.

Schattiere das Fabelwesen sehr dunkel und lass das Auge kräftig funkeln. Das erreichst du durch starke Kontraste zwischen dunkler Iris und dem sehr dunklen Schatten um das Auge herum und dem sehr hellen Weiß des Auges. Benutze für die dunklen Schatten die sehr weichen Bleistifte. Die Kontraste in den Schweif- und Mähnenhaaren entstehen mithilfe des harten und der weichen Bleistifte. Das Horn bekommt die Struktur durch viele kleine Bögen, die eng aneinandergezeichnet und abwechselnd hell und dunkel schattiert werden.

ELEFANT

Hier zeichnest du ein neugieriges Elefantenbaby. Zuerst bringst du wieder die Umrisse mit dem harten Bleistift (2H) aufs Papier und anschließend entsteht daraus der Elefant – ganz lebensecht. Seine dicke Haut bekommt er durch unterschiedliche Schraffuren und Strukturen. Dazu benutzt du die verschiedenen weichen Bleistifte (2B, 4B, 5B, 6B, 7B) und für die Falten den HB-Bleistift.

Schwierigkeitsgrad:

schwer

Und so geht's:

Um das Elefantenbaby zu zeichnen, beginnst du rechts, etwas oberhalb der Blattmitte, mit seinem Kopf und zeichnest als Erstes einen etwas krakeligen Kreis. Drück aber nicht zu fest auf, denn das ist nur eine Hilfslinie, die später wieder entfernt wird.

An diesen Kreis zeichnest du zwei Ohren und den Rüssel. Jetzt kann man schon erkennen, was für ein Tier hier entstehen soll!

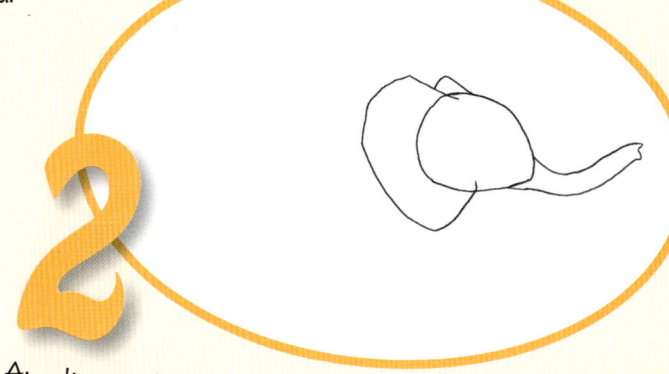

3

Unter den Kopf zeichnest du nun den birnenförmigen Körper des Elefanten-babys und die Hilfslinien für die Beine. Die kleinen Kreise an den Bein-Hilfslinien markieren die Gelenke des Elefanten.

4

Um die Hilfslinien herum lässt du dem Elefanten-baby richtige Beine wachsen. Auf den dünnen Strichlein könnte es bei seinem Gewicht ja kaum stehen. Wie du auf dem Bild siehst, kannst du dich dabei ganz einfach an den Hilfslinien orientieren.

5

Radiere die Hilfslinien von Beinen und Kopf aus. Der Elefant bekommt jetzt sein lustiges Schwänzchen. Damit die Ohren richtig am Kopf sitzen, zeichnest du eine Art schiefes, dünnes Fragezeichen an diese Stelle. Zum Schluss kommen Augen und Maul. Die fertigen Umrisse des Elefanten ziehst du dann mit einem weichen Bleistift (2B) nach.

6

Obwohl das Elefantenbaby noch klein ist, hat es doch schon so richtig dicke, tiefe Falten in seiner Haut, v. a. an den Gelenken und am Bauch. Zeichne sie mit einem weichen Bleistift (3B) ein.

Das Elefantenauge bringst du durch kräftige Kontraste zwischen hellem Augenweiß und dunkler Iris mit einem sehr weichen Bleistift (6B) zum Funkeln. Diesen benutzt du auch, um das Maul zu schattieren. Den Körper des Elefanten schattierst du mit dem 4B-Bleistift.

7

8

Mit dem 5B- und 6B-Bleistift schattierst du den gesamten Elefanten noch dunkler. Zum Schluss zeichnest du dem Elefantenbaby noch mehr Falten. Benutze dafür den HB-Bleistift und schnelle, sich überkreuzende Striche. Mit dem 7B-Bleistift schattierst du einzelne Stellen noch dunkler. Lichtreflexe auf der Haut entstehen mithilfe des Radierers.

DRACHE

Hier zeichnest du einen furchterregenden Drachen im Flug. Zuerst bringst du wieder die Umrisse mit einem harten Bleistift (2H) aufs Papier und dann fliegt das Ungeheuer los. Mithilfe unterschiedlicher Schraffuren und Strukturen bekommt es seine Drachenhaut. Dazu benutzt du die verschiedenen weichen Bleistifte (2B, 4B, 5B, 6B, 7B) und für die Schuppen den HB-Bleistift.

**Schwierigkeits-
grad:**

schwer

Und so geht's:

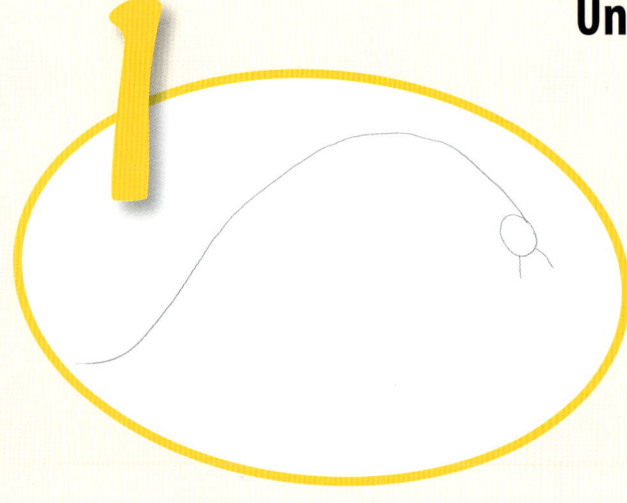

Dünn und fast unsichtbar zeichnest du die erste gebogene Linie für den Drachenrücken aufs Papier. Der schon bekannte Kreis wird der Drachenkopf. Zwei Striche vorn am Kreis werden später zum Drachenmaul.

Parallel zur Drachenrücken–Linie zeichnest du ein ebenfalls gebogenes Dreieck ein. Benutze dafür einen weichen Bleistift (2B), mit dem du auch schon den Schwanz nachzeichnest. Die Hilfslinien für die Drachenbeine setzt du am hinteren Teil des Rückenbogens an.

2

Jetzt zeichnest du die Hilfslinien für die Flügel und die ersten Ansätze für das Drachenmaul ein.

3

Mit einem weichen Bleistift zeichnest du den Kopf, die Kieferknochen und die gespreizten „Finger" für die Flügel. Orientiere dich dabei unbedingt an den Hilfslinien. Der Hals entsteht, indem du den Kopf mit dem Dreieck verbindest.

4

5

Über die „Finger" wird nun die Flughaut für die Drachenflügel „gespannt". Auch hier arbeitest du mit dem weichen Bleistift weiter. An den Hilfslinien für die Hinterbeine lässt du die kräftigen Beine mit Klauen entstehen. Der Schwanz wird eingezeichnet.

6

Jetzt wird es spannend. Die Zacken und Stacheln am Drachenrücken zeichnest du mit unregelmäßigen Dreiecken und ebenso die Schwanzspitze am Ende. Am Kopf lässt du Zähne und Hörner wachsen, die ebenfalls wie dünne Dreiecke aussehen.

Mit einem HB-Bleistift zeichnest du über den gesamten Drachenkörper, außer über die Flügelhaut, kleine ineinander verschlungene Kreise. Erste Schattierungen am Kopf und den Gelenken kannst du bereits andeuten. Das Auge blitzt böse aus einem dunklen Schatten heraus, den du mit dem 5B-Bleistift tiefdunkel um das Auge herum zeichnest.

7

8

Mit einem weichen Bleistift (5B) zeichnest du eine weitere Schicht Kreise. Drücke dabei unterschiedlich stark auf, dann erhältst du schöne Kontraste und Muster. Zum Schluss zeichnest du die ledrigen Flügel mit unterschiedlichen weichen Bleistiften, indem du „Wölkchen" in allen Schattierungen ineinander verwischst. Die Flügelansätze kannst du dabei besonders dunkel gestalten.

FAHRZEUGE

AUTO

Hier saust ein schicker Sportwagen übers Papier. Das Auto ist nicht schwer zu zeichnen. Zuerst bringst du die Umrisse des Wagens mit einem harten Bleistift (2H) aufs Papier, dann ziehst du sie mit einem weichen Bleistift (2B) nochmals nach. Für die Schattierungen benutzt du verschiedene weiche Bleistifte (2B, 4B, 6B). Ein Lineal benötigst du evtl. auch.

Schwierigkeits-grad:

leicht

Und so geht's:

Ziehe eine gerade Linie als Hilfslinie. Dazu darfst du auch ruhig das Lineal benutzen – aber vielleicht schaffst du es ja auch so? Auf die Linie setzt du zwei möglichst runde Kreise.

1

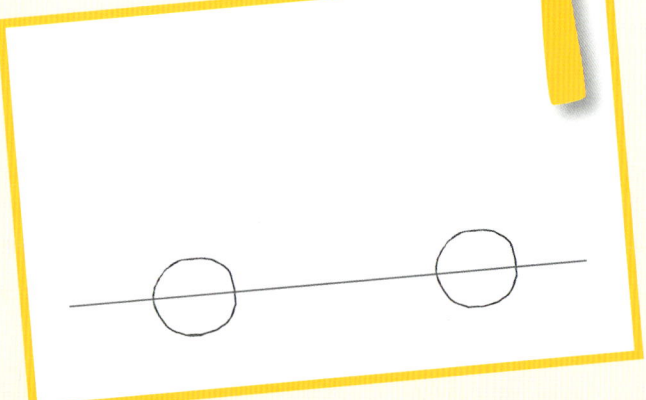

2

Die Kreise füllst du nun mit weiteren kleiner werdenden Kreisen, so wie es auf der Zeichnung zu sehen ist. Über die Kreise zeichnest du mit einem großen Schwung eine flache Welle. Zeichne dann den unteren Teil des Autos, indem du dich an deiner Hilfslinie orientierst.

3

Zeichne den Aufbau des Wagens. Achte darauf, dass er nicht über den unteren Teil hinausragt.

4

Nun zeichnest du nacheinander Tür, Fenster, Sitz und das Cabrioverdeck an den Sportaufbau. Auch die Stoßstangen vorn und hinten werden schon an den Rennwagen „montiert".

5

Jetzt beginnst du mit den Schattierungen, v. a. die Motorhaube sollte kräftig und mit einem weichen Bleistift (4B) hervorgehoben werden. Letzte Akzente und Schatten setzt du mit den weichen Bleistiften. Achte besonders auf die Reifen, den unteren Teil des Autos und die Motorhaube. Mit dem Radierer zauberst du Lichtreflexe auf den Rennwagen.

FLUGZEUG

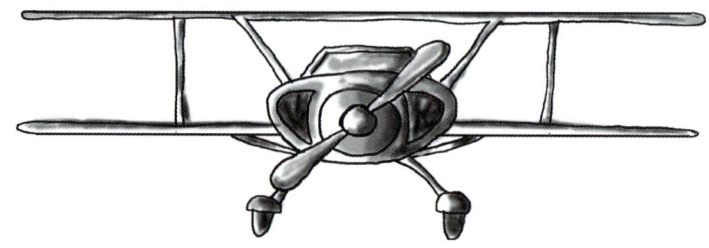

Hier brummt nun gleich ein Flugzeug vom Blatt empor. Der schicke Doppeldecker sieht eindrucksvoll aus, ist aber leicht zu zeichnen. Zuerst bringst du die Umrisse mit einem harten Bleistift (2H) aufs Papier, dann ziehst du sie mit einem weichen Bleistift (2B) nach. Für die Schattierungen benutzt du verschiedene weiche Bleistifte (2B, 4B, 6B). Ein Lineal brauchst du evtl. auch.

Schwierigkeitsgrad:
leicht

Und so geht's:

Ziehe als Erstes zwei parallele gleich lange Linien. Dazu darfst du auch ruhig ein Lineal benutzen – vielleicht bekommst du es aber auch so hin? Auf die untere Linie setzt du einen kleinen Kreis und um diesen Kreis ein größeres Ei.

1

2

Verbinde mit kürzeren Strichen die zwei Linien mit dem Ei und untereinander. Schon erkennst du die Flugzeugform. Aus dem kleinen Kreis wird nun der Propeller. Das Fahrgestell ist auch schnell gezeichnet.

3

Wie du die Front des Flugzeugs schön und realistisch ausarbeitest, siehst du in diesem Schritt. Alles, was du brauchst, ist ein weiterer Kreis, den du um den Propeller ziehst, und links und rechts zwei „D" – das eine schreibst du in Spiegelschrift.

4

Jetzt bekommt das Flugzeug seine endgültige Form. Ziehe dazu in geringem Abstand die Linien nochmals parallel nach und zeichne die breiten Propellerblätter ein. Zum Schluss entsteht das Cockpit – das ist der vordere Teil des Flugzeugs, in dem der Pilot sitzt.

5

Nun kannst du schon mit den Schattierungen beginnen. Mit den weichen Bleistiften gibst du den Tragflächen und der Flugzeugnase schöne Kontraste. Schattiere kräftig und betone dabei Tragflächen, Fahrwerk und Propeller. Fliegt dein Flugzeug bei Sonnenschein? Hellere Stellen und Lichtreflexe machst du mit einem Radierer.

SCHIFF

Möchtest du auf eine Seereise gehen? Kein Problem, wenn du dein eigenes Schiff hast! Zuerst bringst du die Umrisse des Ozeanriesen mit dem harten Bleistift (2H) aufs Papier, dann ziehst du sie mit dem HB-Bleistift nach. Für die Schattierungen benutzt du verschiedene weiche Bleistifte (2B, 3B, 6B). Auch ein Lineal hilft dir beim Zeichnen.

Schwierigkeitsgrad:

leicht

Und so geht's:

Ein Schiff benötigt Wasser, also ziehe zuerst eine sanfte Wellenlinie quer über das Blatt. Darauf lässt du dann den unteren Teil des Schiffsrumpfs schwimmen. Auch hier darfst du für die lange gerade Linie ein Lineal benutzen, aber versuche es ruhig zuerst auch einmal ohne.

So ist das Schiff noch zu klein, also zeichne ihm seinen typischen Aufbau: flache, lang gestreckte Vierecke, in denen die Passagiere wohnen.

2

3 Auf den Aufbau setzt du die drei schrägen Schornsteine und zwei senkrechte, ebenfalls sehr gerade Linien.

4

Keine Angst, das sieht komplizierter aus, als es ist! Die geraden Linien werden zu Masten verdickt und an diese zeichnest du alle Wanten an. So nennt man auf einem Schiff die dicken, stabilen Drahtseile. Dann zeichnest du jede Menge kleine quadratische Fenster in den Schiffskörper. Die wehende Fahne am Heck, also am hinteren Teil des Schiffes, nicht vergessen!

Jetzt musst du deinen Ozeanriesen nur noch schattieren. Mit den weichen Bleistiften gibst du den Schornsteinen, den Masten, Aufbau und Rumpf kräftige Färbungen. Die kleinen Fenster unter Deck zeichnest du ganz dunkel mit dem 6B-Bleistift. Auf den vorderen Mast setzt du zum Schluss noch eine Fahne, die im Wind flattert. Jetzt kannst du in See stechen!

5

FAHRRAD

Kaum zu glauben, aber so sahen früher einmal die Fahrräder aus. Ehrwürdige Herren mit Zylinder fuhren damit umher. Mit einer Zeichnung dieses witzigen altertümlichen Gefährts bringst du garantiert viele Menschen zum Lachen. Dazu musst du die Umrisse mit einem harten Bleistift (2H) aufs Papier zeichnen, sie mit dem HB-Bleistift nachziehen und mit verschiedenen weichen Bleistiften (2B, 3B, 4B) schattieren.

Schwierigkeitsgrad:

mittel

Und so geht's:

1 Zeichne zwei möglichst runde Kreise, einen großen und einen ziemlich kleinen, nebeneinander. In die Mitte der Kreise zeichnest du jeweils einen sehr kleinen Kreis.

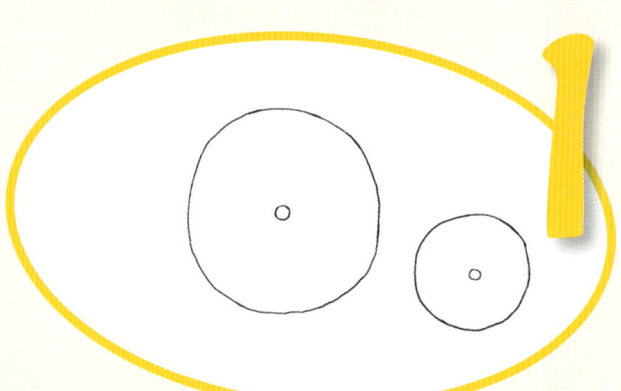

2

Lass aus den Kreisen dickere Reifen werden, indem du einen zweiten Kreis in geringem Abstand zu dem ersten malst. Zeichne an dem größeren Rad auch schon die Gabel für den Fahrradlenker ein.

3

Mit einem schwungvollen Bogen verbindest du die Gabel mit dem kleinen Hinterrad. Zeichne auch das Pedal an die Gabel. Damit das Pedal dreidimensional aussieht, platzierst du unter der Pedalhalterung ein Rechteck, das du durch zwei schräge Linien mit der Pedalhalterung verbindest.

Der Fahrradlenker entsteht ebenfalls durch die schrägen Linien, die nach hinten laufen. Dadurch bekommt die Zeichnung räumliche Tiefe, sodass sie sehr echt wirkt. Vergiss auch die Kugeln unter dem Lenker nicht. Der Sattel sieht ein wenig wie eine platt gedrückte Birne aus, die auf die Seite gekippt ist, und darf ruhig unregelmäßig sein. Das nennt man auch „räumliches Zeichnen" (s. S. 11 f.)! Verbinde auch den Sattel mit dem Bogen.

4

5

Das Fahrrad bekommt seine Speichen durch Linien, die von der Mitte nach außen hin gezogen werden. Zu guter Letzt schattierst du erst Lenker und Sattelstange und gibst dann Reifen sowie Sattel mit den weichen Bleistiften schöne dunkle Kontraste.

BERUFE

SCHORNSTEINFEGER

Hier bringst du einen Schornsteinfeger dazu, aufs Dach zu klettern und den Kamin zu kehren. Bevor du anfängst, solltest du aber in den Einführungsteil schauen, denn du brauchst hier neben der Technik, Menschen zu zeichnen, auch ein Auge für die richtige Perspektive. Zuerst bringst du deine Hilfslinien mit dem 2H-Bleistift aufs Papier. Danach kommen die Umrisse, die du mit einem HB-Bleistift zeichnest. Auch weiche Bleistifte (2B, 4B, 5B, 6B, 7B) kommen für die Schattierungen zum Einsatz.

Schwierigkeits-grad:

 schwer

Und so geht's:

Dünn und ohne festen Druck skizzierst du die Körperproportionen aufs Blatt. Mit diesen Hilfslinien legst du die Körperachsen und die spätere Form des Schornsteinfegers fest. Die kleinen Kreise markieren dabei den Sitz der Gelenke.

2

Das Strichmännchen bekommt jetzt einen Oberkörper in dreieckiger Form und einen Kreis für die Hüfte.

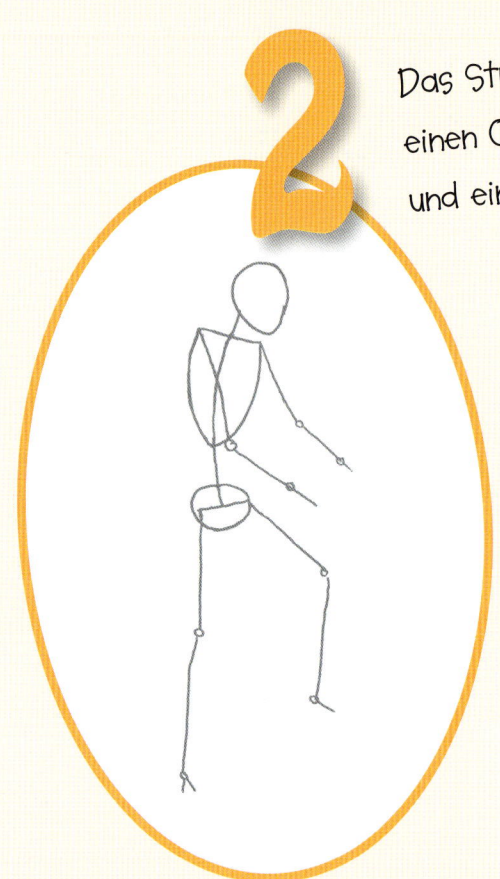

Um die Hilfslinien herum „fütterst" du das Strichmännchen, damit es Gestalt annimmt. Arme und Beine zeichnest du zunächst als längliche Ovale. Der Oberkörper wird mit dem Unterkörper verbunden.

3

4

Die Umrisse werden dann mit einem HB-Bleistift nachgezogen. Der Kopf bekommt die Andeutung von Nase, Kinn und Lippen.

Die Hilfslinien verschwinden und der Kopf wird weiter ausgeführt. Zeichne deinem Schornsteinfeger Ohr, Auge und Augenbraue. Auch die Hände und seine dicken Schuhe kannst du schon darstellen.

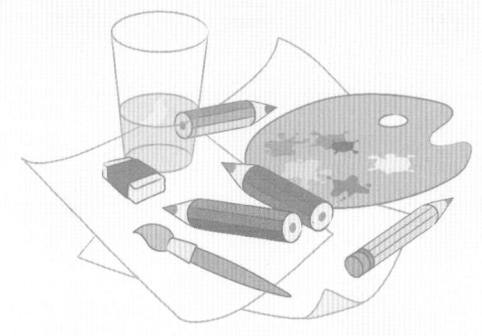

Der Schornsteinfeger bekommt Haare, einen Zylinder und natürlich Kleidung. Die Falten in der Kleidung kannst du einfach an den Stellen zeichnen, wo in deiner Anfangsskizze die Kreise für die Gelenke saßen.

Damit der Schornsteinfeger nicht nur einfach so herumsteht, braucht er natürlich einen Kamin, ein Hausdach und sein Arbeitsgerät. Dachpfannen und Ziegel dürfen ruhig etwas unregelmäßig aussehen.

Zum Schluss sorgst du für Schattierungen. Mit den weichen Bleistiften bekommen Hut, Kleidung und die Dachpfannen Kontraste. Den Staub vom Kehren über dem Kamin kannst du durch die Verwischtechnik (s. S. 14) darstellen.

FEUERWEHRMANN

Hier zeichnest du einen Feuerwehrmann, der einen Löschschlauch in der Hand hält. Zuerst bringst du die Hilfslinien, also die Skizze für die Körperproportionen, mit dem 2H-Bleistift aufs Papier. Erst danach kommen die Umrisse, für die du einen HB-Bleistift benutzt. Auch weiche Bleistifte (2B, 4B, 5B, 6B, 7B) und ein Papierwischer kommen für die Schattierungen zum Einsatz.

Schwierigkeitsgrad:

schwer

Und so geht's:

Dünn und ohne festen Druck skizzierst du den Körper. Mit den Hilfslinien legst du die Körperachsen und die Proportionen des Feuerwehrmanns fest. Die kleinen Kreise zeigen dabei den Sitz der Gelenke an.

1

2

Der Strichmännchen-Löscher bekommt einen Oberkörper in Form eines abgerundeten Dreiecks und einen Kreis für die Hüfte.

Um die Hilfslinien herum „fütterst" du das Strichmännchen jetzt, damit es Form annimmt und ein
kräftiger Feuerwehrmann daraus wird. Arme und
Beine skizzierst du als längliche Ovale. Der Oberkörper wird mit der Hüfte verbunden.

Entlang der Hilfslinien zeichnest du nun die
Körperumrisse mit einem HB-Bleistift ein.
Der Kopf bekommt die Andeutung von Nase,
Kinn und Lippen.

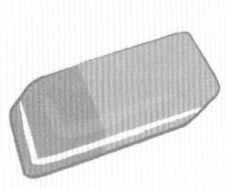

Jetzt siehst du, warum du die Hilfslinien mit wenig
Druck zeichnen solltest: Sie werden ausradiert.
Zeichne dem Feuerwehrmann Auge, Augenbraue,
dicke Handschuhe, Schuhe und auch den langen
Schlauch zum Feuerlöschen.

6

Jetzt bekommt der Feuerwehrmann die wichtige Schutzkleidung, die er für seinen gefährlichen Beruf braucht: eine dicke Jacke und eine Hose. Auch der Schutzhelm ist wichtig! Die Hilfslinien verschwinden darunter.

Zeichne deinem Feuerwehrmann auch eine Sauerstoffflasche auf den Rücken, damit er im dichten Rauch atmen kann. Die Streifen auf der Kleidung sind Reflektoren, die dafür sorgen, dass der Feuerwehrmann in der Nacht gut sichtbar ist.

7

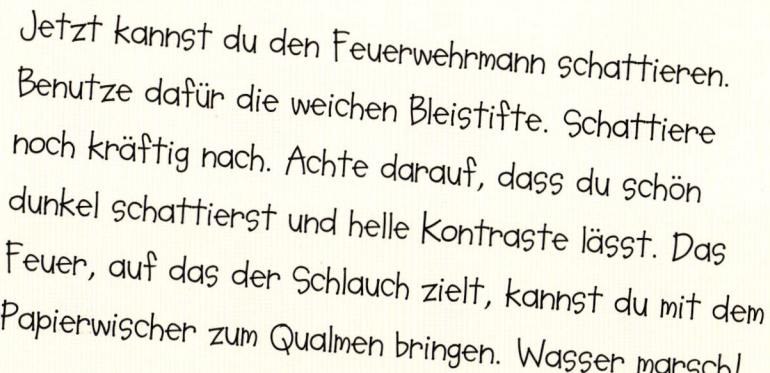

8

Jetzt kannst du den Feuerwehrmann schattieren. Benutze dafür die weichen Bleistifte. Schattiere noch kräftig nach. Achte darauf, dass du schön dunkel schattierst und helle Kontraste lässt. Das Feuer, auf das der Schlauch zielt, kannst du mit dem Papierwischer zum Qualmen bringen. Wasser marsch!

KOCH

Hier schwingt gleich ein lustiger Koch seinen Kochlöffel! Zuerst bringst du die Hilfslinien, also die Skizze für die Körperproportionen, mit dem 2H-Bleistift aufs Papier. Dann kommen die Umrisse, die du mit einem HB-Bleistift zeichnest. Weiche Bleistifte (2B, 4B, 5B, 6B, 7B) kommen für die Schattierungen zum Einsatz.

Schwierigkeits-grad: schwer

Und so geht's:

Dünn und ohne festen Druck skizzierst du den Körperbau auf das Papier. Damit legst du die Körperachsen, die Proportionen und natürlich die Körperhaltung des Kochs fest. Die kleinen Kreise stellen dabei den Sitz der Gelenke dar.

Um die Hilfslinien herum „fütterst" du das Strichmännchen jetzt, damit es Form annimmt. Arme und Beine zeichnest du als längliche Ovale. Der Oberkörper wird mit dem Unterkörper verbunden.

Das Strichmännchen bekommt einen Oberkörper in dreieckiger Form und einen Kreis für die Hüfte.

Ziehe die Umrisse des Kochs entlang der Hilfslinien mit einem HB-Bleistift nach.

Die Hilfslinien werden entfernt, und der Kopf bekommt Augen, Nase, Kinn und Lippen. Auch den Kochlöffel, den der Koch schwingt, kannst du schon einzeichnen.

6

Um in der Küche arbeiten zu können, benötigt der Koch noch die richtige Kleidung. Zeichne ihm die typische Kochjacke und seine Hose.

Was wäre ein Koch ohne seine Koch-mütze? Hoch und gerade muss sie sitzen. Die Kochjacke benötigt natürlich noch Knöpfe, und ein witziges Halstuch macht den Koch perfekt! Vergiss auch die Haare nicht.

7

8

Mit den weichen Bleistiften setzt du nun die Schattierungen. Zum Schluss zeichnest du dem Koch einen großen, witzigen Schnurrbart.

ARZT

Hier zeichnest du einen Arzt mitsamt seinen Untersuchungsgeräten und einer Spritze in der Hand. Zuerst bringst du die Hilfslinien, also die Skizze für die Körperproportionen, mit dem 2H-Bleistift aufs Papier. Dann später die Umrisse, die du mit einem HB-Bleistift zeichnest. Auch weiche Bleistifte (2B, 4B, 5B, 6B, 7B) kommen für die Schattierungen zum Einsatz.

Schwierigkeits-grad:

schwer

Und so geht's:

Dünn und ohne festen Druck zeichnest du die Skizze für die Körperproportionen aufs Blatt. Damit legst du die Körperachsen und die Proportionen des Arztes fest. Die kleinen Kreise stellen dabei die Position der Gelenke dar.

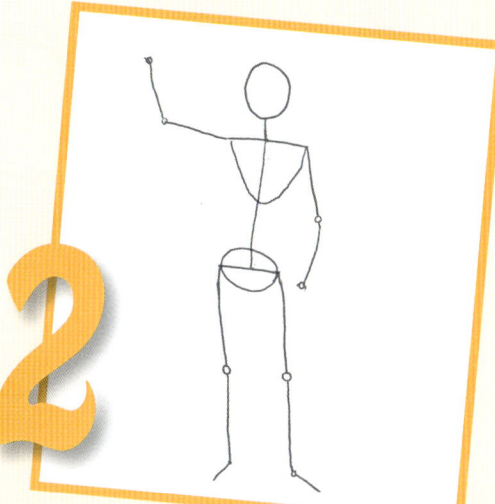

Der Strichmännchen-Arzt bekommt nun einen Oberkörper in dreieckiger Form und einen Kreis für die Hüfte.

Um die Hilfslinien herum „fütterst" du das Strichmännchen, damit sein Körper Gestalt annimmt. Arme und Beine zeichnest du als längliche Ovale. Der Oberkörper wird mit dem Unterkörper verbunden.

Die Umrisse werden nun mit einem HB-Bleistift nachgezogen. Der Kopf bekommt die Andeutung von Nase, Kinn und Lippen.

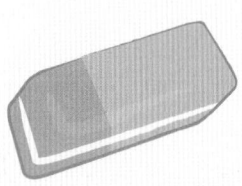

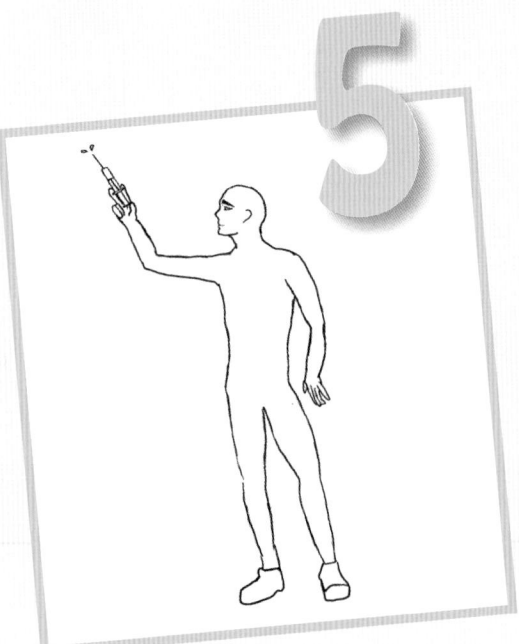

Jetzt siehst du, warum du zu Anfang nur mit wenig Druck zeichnen solltest, denn die Hilfslinien verschwinden. Radiere sie einfach fort. Der Kopf wird weiter ausgearbeitet. Zeichne deinem Arzt Auge, Augenbraue, Ohr, Hände und Schuhe. Auch die dicke Spritze kannst du jetzt schon einzeichnen.

Jetzt wird der Arzt krankenhausgerecht angezogen. Er bekommt Kittel und Hose.

Zeichne deinem Arzt noch Haare und seine Untersuchungsgeräte, z. B. ein Stethoskop, damit kann der Arzt seine Patienten abhören, und einen Spiegel auf dem Kopf. Auch die Knöpfe und Taschen am Kittel sind wichtig.

Jetzt musst du den Arzt nur noch schattieren. Dazu benutzt du die weichen Bleistifte. Achte darauf, dass du auch dort schön dunkel schattierst, wo die Falten der Kleidung sitzen, also an den Ellenbogengelenken und an den Knien.

REGISTER
REGISTER

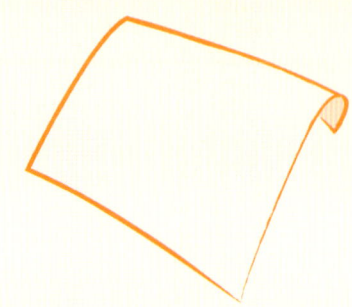

Danksagung

Vielen lieben Dank auch an die „Models" in diesem Buch.